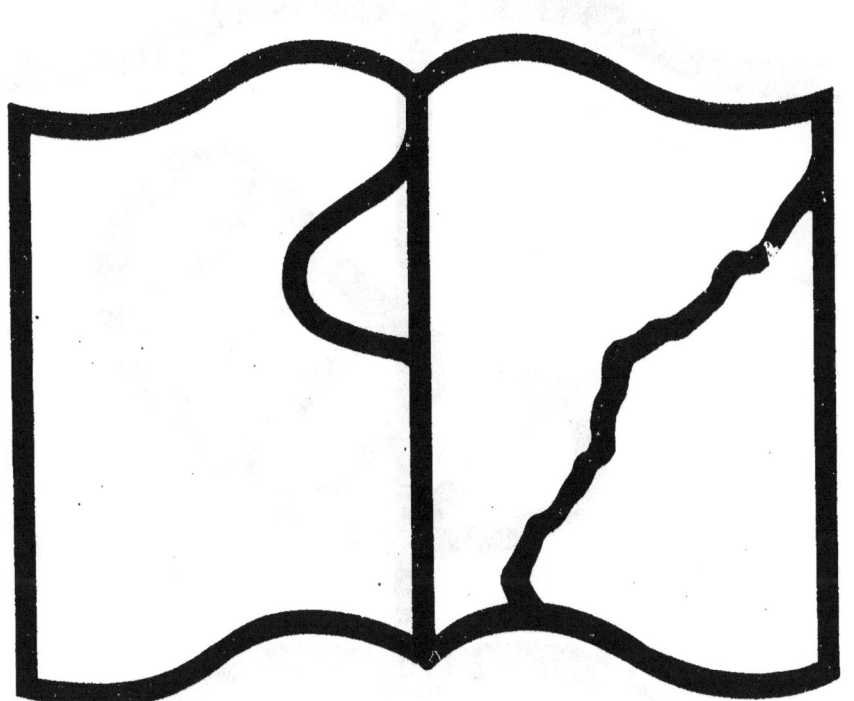

Texte détérioré — reliure défectueuse

NF Z 43-120-11

Symbole applicable
pour tout,ou partie
des documents microfilmés

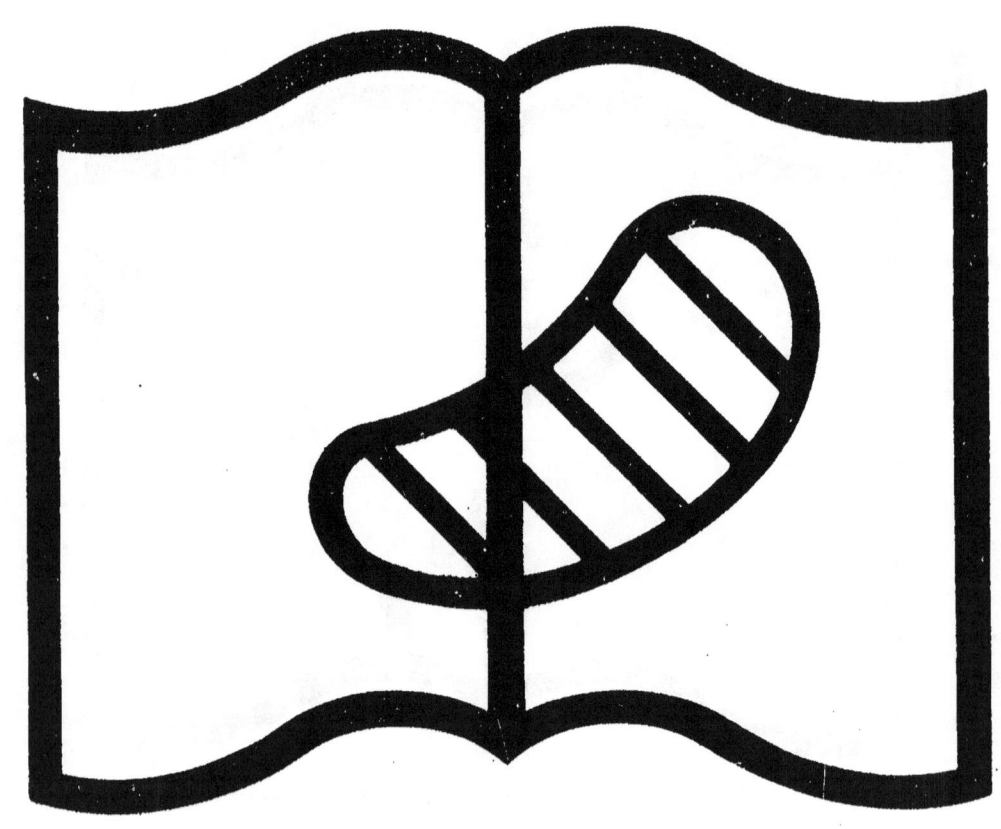

Original illisible

NF Z 43-120-10

Symbole applicable
pour tout,ou partie
des documents microfilmés

LA MORALE DU CŒUR

LA MORALE DU CŒUR

ÉTUDE D'AMES MODERNES

PAR

JULES ANGOT DES ROTOURS

Avec une Préface de M. Félix RAVAISSON

PARIS
LIBRAIRIE ACADÉMIQUE DIDIER
PERRIN ET Cie, LIBRAIRES-ÉDITEURS
35, QUAI DES GRANDS-AUGUSTINS, 35
—
1893
Tous droits réservés.

PRÉFACE

L'Académie des sciences morales et politiques avait mis au Concours, pour 1890, le sujet suivant : « Étude critique sur le rôle du sentiment ou de l'instinct moral dans les théories morales contemporaines. — L'Altruisme d'Auguste Comte, de Stuart Mill, d'Herbert Spencer, et la Pitié de Schopenhauer. — En quoi diffèrent ces théories de celles que le xviii° siècle a produites ; le sens ou sentiment moral d'Hutcheson, de Jean-Jacques Rousseau, d'Adam Smith et de Jacobi. — Déterminer la part du sentiment moral dans la théorie et dans la pratique de la conduite humaine ; en montrer l'importance, en signaler les périls et les excès possibles dans l'œuvre de l'éducation et dans le gouvernement de la vie. » A la suite de ce concours, une mention très honorable a été attribuée à l'étude dont l'ouvrage qu'on va lire est le développement. M. des Rotours ayant bien voulu me demander de placer quelques lignes en tête de son travail relatif à un sujet dont je me suis moi-même occupé, je n'ai pu refuser à un jeune auteur auquel je porte estime et affection. Je vais donc essayer d'indiquer en peu de mots ce qui me paraît devoir mériter à son premier travail philosophique, de la part du public, l'accueil favorable que lui a déjà fait l'Académie des sciences morales et politiques.

M. des Rotours n'a pas prétendu traiter à fond dans toutes ses parties la question que l'Académie a posée. Il s'est surtout appliqué, dans une suite de chapitres détachés, à exposer et à apprécier ce qu'en ont pensé les plus considérables parmi ceux des écrivains du siècle précédent et de celui-ci qui s'en sont occupés. Il a réuni ainsi des matériaux qui seront utiles pour résoudre le problème complexe qui a été posé par l'Académie. Ce problème occupe tout particulièrement notre époque. On saura gré à M. des Rotours d'en avoir élaboré ainsi quelques éléments.

Cela dit, je voudrais essayer encore de contribuer en quelque chose à faire comprendre le problème et mesurer les efforts qui ont été faits pour le résoudre, et cela en dissipant une confusion, sur le sujet auquel il se rapporte, qui me paraît avoir empêché jusqu'à présent qu'on y réussît.

Notre existence est double. Nous vivons et d'une vie physiologique, ou physique, et d'une vie psychologique, ou morale. Les deux vies sont semblables, quoique diverses; il n'y a rien dans l'une, a dit à peu près Leibniz, qui ne se retrouve dans l'autre. Il en résulte que, souvent attentif à leurs ressemblances plus qu'à leurs différences, pourtant considérables, on juge, sans les distinctions nécessaires, de l'une par l'autre.

De là une confusion fréquente, s'il s'agit de « sensibilité », entre la sensibilité de l'ordre physiologique et celle de l'ordre psychologique. En outre, c'est par la vie inférieure, plus grossière et plus apparente, qu'on juge communément de la vie supérieure. Au sentiment d'ordre psychique ou moral on est donc enclin à attribuer tous les caractères de celui de l'ordre physiologique ou corporel. La vérité est pourtant, suivant les penseurs de premier ordre, suivant les Platon, les Aristote, les Plotin, les Leibniz, les Descartes, que la vie supérieure diffère de l'inférieure, comme plusieurs d'entre eux l'ont dit, de la pensée divine comparée à l'humaine, en ce qu'il ne s'y trouve pas les mêmes raisons d'imperfection, de sorte que si la vie supérieure est semblable à l'autre, elle l'est, selon une formule d'autrefois, d'une manière « éminente ».

Parle-t-on de biens, d'utilité, on ne l'entend vulgairement que de biens physiques, tels que des terres ou de l'argent, et d'utilité matérielle, comme si ce n'étaient pas des biens aussi et des choses utiles, et plus que tout le reste, que des vertus ou des talents qui sont d'ordre intellectuel et moral. Il en est de même, au moins chez certains philosophes, chez Kant et ses disciples, du sentiment.

Le xviiie siècle, obéissant à l'impulsion de Locke pour lequel, comme pour ses prédécesseurs, Hobbes, Gassendi, Épicure, toute connaissance, au lieu de procéder des idées innées de Descartes, avait son unique origine dans les sens corporels, ne pouvait penser différemment de la morale. Pourtant, reconnaissant qu'il y avait dans l'idée du bien, à laquelle toute la morale était relative, quelque chose qui était d'une nature supérieure à des qualités purement corporelles, certains auteurs de ce siècle, en tête Hutcheson, crurent que, pour en expliquer l'origine, il fallait admettre une sorte de sensibilité supérieure à laquelle ils donnèrent le nom de sensibilité morale. Le sentiment, sous l'influence aussi, sans doute, d'autres causes, devint alors à la mode. Rousseau y contribua pour beaucoup, en mêlant à la sensibilité morale, suivant le goût du temps, des éléments inférieurs. On sait l'étrange abus qu'on fit de la sensibilité, à l'époque révolutionnaire, où on l'associa souvent avec beaucoup de dureté et même de férocité, le passage étant facile d'un contraire à un contraire dans la partie de notre nature où résident les passions.

Kant alors vint séparer la morale de tout ce qui, chez nous, est susceptible d'affection pour l'édifier sur la seule raison. C'était chose mobile, (entièrement dépendante de circonstances extérieures et fortuites, que le sentiment ; et la source n'en pouvait être que physique. C'était méconnaître ce qu'avaient su voir les Stoïciens, auxquels on compare souvent le philosophe allemand, et qui avaient dit que le sage, chez qui existaient à l'état de vertu presque tous les penchants qui chez le vulgaire étaient des passions, était capable d'une joie pure, exempte de toute sensualité. C'était confondre avec une sensibilité tout animale la sensibilité supérieure placée par Pascal dans ce qu'il appelle le cœur, faculté d'un ordre plus élevé encore et pour ainsi dire d'une spiritualité plus haute que celle même de la raison, au moins de cette faculté de connaître liée à l'imagination et aux sens où Kant trouve la source unique de la science.

C'est donc une confusion dont il faut commencer par se défendre, avant tout examen de la question posée par l'Académie des sciences morales et politiques, que celle qui a été ainsi faite entre deux sortes de vie, ou, plus exactement, entre deux phases de la vie qui, pour être analogues, n'en présentent pas moins d'essentielles différences.

Ne nous étonnons pas, d'ailleurs, de retrouver au point suprême des choses ce qui se trouve, en un autre état, à leur base. C'est une loi universelle, aperçue tout d'abord, trop oubliée ensuite, mais que l'avancement des sciences met de siècles en siècles dans un plus grand jour, que le progrès qui va de l'unité confuse, par la division, à l'unité distincte. D'abord mélange, puis séparation, en dernier lieu harmonie. Et dans l'ordre de la connaissance, premièrement le sens, deuxièmement l'entendement aidé de l'imagination, troisièmement, tel que le comprit un Pascal, le sentiment.

Félix Ravaisson.

INTRODUCTION

I

Si l'on s'intéresse au travail des consciences, non moins qu'au spectacle extérieur de l'activité humaine ou aux sciences qui modifient et agrandissent sans cesse notre vision de la nature, on prêtera volontiers attention au mouvement profond qui s'accuse chez les âmes modernes et qui les pousse vers une sorte de morale du cœur.

De Rousseau à Tolstoï, combien sont nombreux ceux qui, malgré des divergences très apparentes, manifestent cette commune aspiration ! Au déclin du xviiie siècle, l'auteur de *la Nouvelle Héloïse* n'est pas seul à remettre le sentiment en honneur : Adam Smith et Jacobi lui font une grande place dans leurs systèmes. Ne triomphe-t-il pas dans la littérature renouvelée et Mme de Staël, par un généreux effort, n'en dégage-t-elle pas ce qu'il contient de meilleur, la bonté ?

Vers la même époque, un profond penseur, Maine de Biran, esquisse une philosophie de la volonté. Comme pour réagir contre l'esprit utilitaire de l'Amérique, n'est-ce pas le cœur que glorifie Emerson dans sa foi un peu vague, mais poétique et sereine ? Schopenhauer, poussant à bout la grande mélancolie du romantisme orgueilleux et révolté, aperçoit que le seul remède à l'amertume de la vie se trouve dans la pitié, dans l'affranchissement de l'égoïsme. Les positivistes qui semblaient ne devoir connaître qu'une triste morale de l'intérêt et la justification de la force, s'attachent à l'altruisme. Auguste Comte, Stuart Mill et Herbert Spencer en font le produit le plus précieux de la vie sociale, le facteur le plus puissant des progrès futurs. Si Tolstoï trouve aujourd'hui tant de lecteurs sympathiques, n'est-ce pas, en partie, parce que le mot de charité résume toute sa religion et le plus profond de son inspiration ?

Voilà les principaux représentants de cet état d'âme. On pourrait en trouver bien d'autres. Mais entre tous les esprits qui appartiennent au même temps et à la même société il y a des affinités inévitables. Pour une période donnée, la somme des idées véritablement neuves est très petite et leur élaboration n'est pas l'œuvre d'une seule intelligence. Il est donc probable que, si l'on étendait cette enquête, les conclusions n'en seraient guère changées.

Qui voudrait chercher hors de l'âge moderne rencontrerait, à certaines époques et dans certains milieux, bien différents du nôtre, une sorte de floraison d'aspirations semblables. La plus lointaine s'entrevoit dans le mystère de l'Inde antique et a produit le bouddhisme. La majesté des phénomènes naturels et la rudesse des phénomènes sociaux ont dû contribuer à former cette étrange combinaison de panthéisme et de pessimisme, qui conduit à l'absolu détachement, à la douceur souveraine. Moins loin de nous, au soir de la civilisation antique, dans un temps de culture raffinée et de scepticisme métaphysique, la religion de charité, que le christianisme naissant révélait au monde, fit germer et s'épanouir, avec une puissance jusque-là inconnue, l'amour de Dieu et l'amour des hommes. Comment les âmes de bonne volonté ne se seraient-elles pas éprises de l'idéal nouveau qui leur apparaissait dans le sermon sur la montagne, dans la vie et la mort de Jésus, dans l'enseignement de l'apôtre Jean? La civilisation a, dans la suite, subi de dures épreuves; mais jamais ce foyer de lumière et de chaleur ne lui a manqué. Bien des siècles plus tard, lorsque, par un lent travail, une première ébauche de société chrétienne est constituée, comme pour protester contre les mœurs encore trop rudes et l'égoïsme persistant de la masse, on assiste, chez une élite, à une belle éclosion de la vie du cœur, qu'on peut rattacher au nom de saint François d'Assise et qui inspire encore l'*Imitation*.

Touchons-nous à une époque qui par certains côtés se rapprocherait de celles-là? Il n'y faut pas trop compter. Mais ce qui pourrait donner cette espérance, c'est la faveur qui revient au bouddhisme; c'est le charme que trouvent ceux même qui n'ont pas la foi au spectacle des origines chrétiennes, à l'étude du grand mouvement ombrien du xiiie siècle, et à la lecture de l'*Imitation*. Ce sont, dans les temps modernes, nos prédilections pour un François de Sales ou un Vincent de Paul, l'attrait qu'exercent sur nous le génie profond et l'âme aimante d'un Pascal.

Il semble que les manifestations de cet état d'esprit se multiplient aujourd'hui et rapprochent à certains égards la fin de ce siècle du déclin de l'ancien régime. Nous avons en Tolstoï, que M. de Vogüé a révélé aux Français, une sorte de Rousseau. Comme au temps où le Vicaire savoyard faisait sa profession de foi, on nous annonce une religion nouvelle. « Sachez-le, nous dit M. Paul Desjardins [1], quelque chose de dogmatique et d'assuré, mais de fondé sur la charité seule, va sortir des contradictions où ce temps s'agite. On ne l'entrevoit pas encore, on y aspire déjà. Le monde est revenu au point où le trouva

---

1. *Esquisses et impressions.* 1889, p. 348.

jadis le christianisme naissant... Même dégoût du réel, même soif des miracles, même besoin d'unanimité tendre. » Montrant le *Devoir présent*[1] dans l'action commune pour le bien, cet apôtre d'une foi peu précise mais fervente vient d'adresser un généreux appel aux âmes de bonne volonté. A propos d'un roman caraslérislique de M. Édouard Rod, *le Sens de la vie*, M. Jules Lemaître s'amusait un jour à rédiger le *credo* qu'on cherche aux temps nouveaux ; il le formulait ainsi, non sans clairvoyance ni sympathie : « Je crois que notre intérêt et notre plaisir c'est d'aimer autre chose que nous, de travailler pour ceux que nous aimons, et par delà, en vue de la communauté tout entière[2]. » Les meilleurs parmi ceux qui s'attardent au dilettantisme diraient volontiers avec M. Anatole France : « Cette vérité sainte et salutaire se trouve au fond de toutes les religions, qu'il est pour l'homme un guide plus sûr que tous les raisonnements et qu'il faut écouter le cœur quand il parle[3]. »

Cherchez ce qui sert le plus souvent d'appui à la vie morale, quand on peut la découvrir, chez les âmes d'aujourd'hui. Vous reconnaîtrez que, malgré l'éloignement des points de départ et des conclusions métaphysiques, elles tendent à s'ac-

1. 1 vol. in-16, 1892.
2. *Les Contemporains*, 5ᵉ série, 1892, p. 60.
3. *Vie littéraire*, 4ᵉ série, 1892, p. iv.

corder pratiquement pour faire de la charité la loi suprême, la vertu souveraine qui sauve les hommes et les sociétés. L'élargissement par l'amour, qui s'attache, avec une tendresse de prédilection, aux humbles et aux souffrants, qui déborde en large sympathie sur tous les vivants, sur les choses elles-mêmes, n'est-ce pas, avec la curiosité scientifique, ce qu'il y a de meilleur et de plus profond dans les aspirations de ce temps?

Notre siècle a développé, avec une puissance admirable, les sciences naturelles et les arts industriels. Mais cela ne lui suffit pas : il a d'autres exigences et c'est par là surtout qu'il est grand. Si satisfaits que nous soyons de nos recherches exactes et de nos progrès techniques, nous avons des moments de tristesse intime, d'émotion sincère, de sensibilité exaltée. Nous nous laissons volontiers envahir par une sympathie attirante et douce pour toutes les manifestations de la vie. Parfois l'amour de l'humanité prend aujourd'hui des apparences de culte, et met une sorte de religiosité affectée dans notre langage. Le positivisme, malgré la rigueur dont il se pique, et le pessimisme qui semblerait devoir conduire vers une sorte d'indifférence découragée, font appel aux puissances affectives et prétendent les développer. Ceux mêmes qui répètent sans cesse que ce qu'on nomme l'au-delà est hors de nos prises donnent par moments carrière à leur cœur, et demandent si les rêves ont moins de charme parce qu'on les sait vains et fragiles. La science n'a éteint l'admiration et le sens du mystère que chez les petits esprits. Mais les grands observateurs de l'homme et de la nature, les vrais maîtres de la pensée contemporaine, ouvrent des horizons indéfiniment profonds, qui sont tout éclairés de poésie. Le sentiment n'est pas près de mourir. Qui sait si cette tendresse d'âme, comparable par certains côtés à celle dont dérive le romantisme, n'influera pas de même sur le domaine littéraire ? Qui sait si elle ne lui prépare pas une sorte de renouveau, dont nous apercevons déjà peut-être les premières floraisons ?

On ne peut trouver là, dira-t-on, qu'une morale de sentiment. Et elle est facile à critiquer. Le mot a-t-il seulement une signification précise ?

Tantôt il désigne les mouvements spontanés, instinctifs de l'être sensible, les sensations primitives de peine ou de plaisir qui nous éloignent des objets ou nous attirent vers eux. On touche alors aux rapports de l'âme et du corps, à ce fond mystérieux d'activité inconsciente où s'élaborent obscurément les phénomènes psychiques. On peut joindre à cette faculté d'être impressionné immédiatement la puissance de rappeler, de combiner, par l'imagination et le rêve, les impressions dont la cause a disparu.

Tantôt on entend par sentiment une sorte de perception intérieure, l'évidence des vérités qui ne se démontrent pas, qui s'imposent à l'assentiment. On ne peut en douter qu'à force de raisonnements et par une sorte de fiction : elles se sentent. Les vérités de l'ordre moral n'ont-elles pas souvent ce caractère? On leur a attribué une certitude d'une nature particulière. On a fait de la conscience un sens à part, spécialement chargé de saisir le bien et le mal. Elle n'est en réalité qu'un acte de raison par lequel l'âme applique avec plus ou moins d'attention, de clairvoyance et d'amour, la loi supérieure dont elle a reconnu l'autorité et la bonté. Mais l'habitude de consulter ce juge suprême, si peu qu'elle ait été développée par la culture personnelle, l'éducation, l'hérédité, produit une sorte d'instinct dont l'action devance souvent le travail de la réflexion. Et il s'agit de décisions qui nous laissent rarement insensibles, parce qu'elles se font exécuter par notre volonté ou bien qu'elles nous condamnent. — Dans un sens voisin, on exprime tout simplement l'opinion qu'on a, ce que l'on croit voir, en disant : ceci est mon sentiment.

Souvent enfin le même terme désigne les passions qui ont un objet hors de nous-mêmes, l'amour, la disposition à la sympathie, la générosité de cœur. Ce sont les mouvements affectifs opposés aux calculs intéressés et à l'égoïsme. C'est le sens qui tend évidemment à prévaloir chez ceux qui font du sentiment le principe de la vertu. Ainsi la même expression peut désigner tantôt la morale de l'instinct, tantôt la morale de la charité, ce qui est très différent.

La plupart des mots qui s'appliquent aux phénomènes de la sensibilité, avec leur caractère incertain et flottant, exigeraient des analyses semblables. Il serait nécessaire de s'attarder à un pareil travail si l'on prétendait composer un traité didactique sur la matière. Mais il est permis de penser que les véritables fondements de la vertu ne sont plus à découvrir. On peut préférer à une dissertation abstraite, en forme de procès et de jugement, une étude d'histoire morale. Le mouvement qui s'accuse aujourd'hui mérite qu'on l'observe : ce n'est pas seulement une glorification vague et stérile du sentiment ; il faut y démêler bien autre chose.

Qu'on répète ou non, après Aristote : le cœur est ce qui vit le plus tôt et ce qui meurt le plus tard en nous, on sait qu'il est comme le centre de notre organisme. C'est par lui que circule dans toutes les parties du corps le sang qui les vivifie. Et il est lié au système nerveux non moins étroitement qu'au système de nutrition. Sans qu'il soit permis d'en faire le siège de nos puissances affectives, une sorte d'organe propre du sentiment, on doit reconnaître qu'il semble participer à toutes nos impressions vives. Il subit le contre-coup de chaque mouvement un peu profond de l'âme. L'amour le fait battre et il est oppressé par la tristesse. Appuyer la morale sur le cœur, n'est-ce donc pas faire entendre qu'elle repose sur ce qu'il y a de plus profond et de plus intime en nous? N'est-ce pas entrevoir que l'âme humaine est la plus haute manifestation que nous connaissions de la vie, et découvrir en même temps que cette âme ne se développe qu'en se donnant, en renonçant à s'enfermer dans l'égoïsme? Le cœur nous apparaît à la fois comme le principe de la vie et le symbole de l'amour : voilà pourquoi nous avons confiance en lui. Nous pressentons qu'il serait un guide bienfaisant et que peut-être cette expérience intérieure contient en germe de quoi relever la métaphysique chancelante.

II

On n'aura pas de peine à comprendre l'importance de ce mouvement et ce qu'il peut faire espérer, si l'on observe les causes profondes qui l'expliquent. Nous sommes portés vers la morale du cœur à la fois par l'insuffisance des doctrines qui semblaient devoir nous enfermer dans le cercle étroit du monde sensible, et par la transformation, trop peu remarquée, du spritualisme contemporain.

Si l'on entend par esprit positif la défiance

dédaigneuse pour tout ce qui dépasse l'expérience sensible, la tendance à ne plus faire de la philosophie qu'une sorte de physique générale, la ruine des anciennes espérances de la raison qui prétendait découvrir la cause première en un Dieu personnel et transcendant, on peut dire qu'aujourd'hui cet esprit triomphe presque absolument dans les intelligences que ne soutient aucune foi religieuse. Mais il n'a réussi ni à voiler le mystère qu'il nous déclare inaccessible, ni à satisfaire les âmes avec le sort qu'il leur propose et le matérialisme pratique auquel il les incline. Son insuffisance éclate surtout quand il cherche à expliquer, non plus les choses de la nature, mais les choses humaines. Souvent un principe nouveau semble le transformer ou réagit contre sa pauvreté.

Si la foi métaphysique fléchit, on dirait parfois que cet effacement laisse le champ plus libre au cœur. L'incertitude qui enveloppe tout ne déplaît pas au dilettantisme : il lui semble qu'elle relève la vertu et la fait plus désintéressée. M. Renan préfère ouvertement à toutes les assurances dogmatiques cet « idéalisme tendre et généreux qui a horreur de toucher de ses mains ce qui ne doit être vu qu'avec le cœur [1] ». Les an-

---

1. Renan, *Marc-Aurèle*, p. 265. — N'est-ce pas aussi la pensée de Lange, le pénétrant historien du matérialisme, qui fait de la métaphysique une sorte de poésie de l'idéal? Voir Fouillée, *Avenir de la métaphysique*. 1889.

ciennes convictions manquant aux âmes, c'est par le cœur qu'elles cherchent, si elles ont quelque noblesse, à sauver le meilleur de leurs aspirations et ce qui leur reste de christianisme latent. Elles ne sont plus arrêtées par les négations assurées du xviii° siècle, par ce dogmatisme étroit et orgueilleux qui, par moments, révoltait Rousseau. Aujourd'hui l'on garde volontiers devant l'inconnu l'attitude réservée qui convient à des esprits plus ouverts, plus sincères, et qui est la grande sagesse du positivisme bien entendu. L'alliance du scepticisme métaphysique et de la foi morale n'est-elle pas ce que nous avons surtout retenu de la doctrine de Kant? La raison désespère de saisir l'absolu; mais on peut aimer un idéal de réalité douteuse. La science ne gêne pas la liberté de notre rêve. Elle tend à faire apparaître, dans un vaste monisme, l'universelle solidarité des phénomènes et l'unité du monde. Ou plutôt elle ne dit rien du fond des choses et nous laisse en face du mystère. L'agnosticisme est son dernier mot et il ne faut pas s'en étonner. Comment trouverait-on autre chose qu'une métaphysique négative dans l'observation de la seule nature? Mais son immensité indifférente, sa solitude et son silence ne nous rendent que plus précieux ce que révèle le cœur humain.

Et puis nous apercevons par instants l'insuffisance des morales extérieures, égoïstes, où la vertu consiste à conformer sa conduite aux lois de police et à bien entendre son intérêt. Les études sociales conduisent à glorifier l'altruisme. Contre la manière pratique et positive dont certaines gens se font gloire de comprendre la lutte pour la vie, les esprits un peu délicats éprouvent le besoin de réagir, en théorie du moins. De là ce qu'il y a parfois de sain dans les aspirations du socialisme. On peut y découvrir, malgré tout ce qui s'y mêle de passions moins généreuses et d'illusions anti-scientifiques, un vif sentiment des souffrances et des injustices sociales, le refus d'en prendre son parti avec l'indifférence habituelle. Le pessimisme aussi est une protestation du cœur. C'est une révolte contre le matérialisme grossier qui déclare l'homme heureux dès que ses besoins physiques sont satisfaits, contre la sérénité optimiste qui absout la force et le succès, qui voit dans tout ce qui arrive l'expression de la nature des choses, contre laquelle il ne faut pas s'indigner. Ajoutez qu'il conduit à la pitié, que chez les âmes bien faites le sentiment du mal et de la douleur se tourne en bonté. On pourrait montrer que ces influences agissent sur le naturalisme, le transforment et l'amènent à exalter la vie du cœur comme l'épanouissement le plus élevé de la vie générale.

Mais les tendances qui travaillent la philosophie négative apparaissent bien plus sensibles encore dans la philosophie spiritualiste. La rénovation, souvent inaperçue, qu'elle a subie de nos jours se rattache, en France, au nom de M. Ravaisson. Il en signalait la nécessité dès 1840 [1], et il a contribué plus que tout autre à l'accomplir. Or, c'est dans la voie qu'il a ouverte qu'on pourra trouver un fondement métaphysique à la morale du cœur.

M. Ravaisson le premier a remis en honneur les profondes spéculations d'Aristote [2] qui, ayant observé les choses de la nature non moins que les choses de l'âme, chercha l'explication du monde, non pas dans la matière ni dans les abstractions de l'entendement, mais dans l'activité de la pensée, dans un acte pur, qui pénètre et produit sans cesse le mouvant univers. Le plus illustre disciple du maître grec, et peut-être le plus puissant génie philosophique du moyen âge, St Thomas d'Aquin retrouve aujourd'hui de fervents admirateurs [3]. Reprenant la doctrine de ces grands esprits, les spiritualistes n'hésitent plus à proclamer que la réalité suprême c'est

---

1. *Revue des Deux-Mondes*, 15 octobre 1840. L'auteur, jugeant la doctrine écossaise à propos des *Fragments de philosophie de M. Hamilton*, se séparait nettement du demi-spiritualisme organisé par M. Cousin, sorte de « phénoménologie abstraite du sens intime ».

2. *Essai sur la métaphysique d'Aristote*, t. I, 1837; t. II, 1846. Deux autres volumes devaient contenir l'histoire de la métaphysique au moyen âge et dans les temps modernes.

3. M. Picavet affirme (*Revue philosophique*, mars 1892) que les thomistes tendent à être les seuls philosophes qui maintiennent Dieu et la métaphysique. « Thomisme et philosophie scientifique, dit-il, voilà les deux facteurs principaux de la spéculation future. »

la pensée, non pas isolée, comme un phénomène à part, mais animant la nature entière ; ils montrent, de ce point de vue, l'unité profonde de l'être humain, et l'enchaînement de tous les êtres, et leur rattachement à Dieu.

En 1838, dans une thèse soutenue à vingt-cinq ans et révélant déjà la forte originalité d'une pensée maîtresse d'elle-même, l'auteur de la *Métaphysique d'Aristote* avait indiqué que le fond de tout ce qui existe est effort, tendance à persévérer dans l'action qui est son être même. « La nature, disait-il [1], est toute dans le désir, le désir dans le bien qui l'attire. » Saisissant dans l'habitude le passage du règne de la Liberté à celui de la Nature, il avait montré que « la vie inférieure n'est que le dernier degré auquel descend, de métamorphose en métamorphose, la vie supérieure [2] ».

Dans son célèbre *Rapport sur la philosophie en France au* XIXᵉ *siècle*, il donne à ses idées un plus large développement. Il répudie le « demi-spiritualisme » de l'école éclectique, qui ne satisfait « ni les esprits scientifiques, ni les âmes religieuses ». Il lui reproche d'avoir, sous le nom de méthode psychologique, substitué de vagues généralités au raisonnement métaphysique et d'avoir négligé en même temps, pour se garder

---

[1]. *De l'habitude*, 1838, p. 42.
[2]. *Rapport sur la philosophie en France au* XIXᵉ *siècle* (1867), 2ᵉ édit., 1885, p. 192.

du mysticisme, les « choses de l'âme, du cœur, qui a pourtant aussi, et plus encore peut-être, ses révélations ». Le véritable spiritualisme ne restitue pas seulement à l'esprit sa place dans la nature, en retrouvant « jusque dans la matière l'immatériel », mais encore il fait de la volonté, de l'amour, l'essence même de l'âme et de l'être universel. C'est une sorte de « réalisme ou positivisme spiritualiste, ayant pour principe générateur la conscience que l'esprit prend en lui-même d'une existence dont il reconnaît que toute autre existence dérive et dépend, et qui n'est autre que son action [1] ».

Dans ce foyer intérieur, qui est le principe de notre personnalité, tout dérive de l'amour, de l'attrait exercé par le bien. Voilà d'où vient ce que nous avons d'empire sur les « puissances inconnues qu'enveloppe, latentes, notre complexe individualité »; mais ce pouvoir même ne s'explique que « par la vertu suprême, à laquelle il participe, du Dieu universel, qui est le bien et l'amour infini ». — « Dans l'infini, en Dieu, la volonté est identique à l'amour, qui lui-même ne se distingue pas du bien et de la beauté absolus. En nous la volonté, remplie de cet amour, qui est sa loi intérieure, mais en commerce aussi avec la sensibilité, qui lui présente des images du bien absolu altérées en quelque sorte par le milieu où

---

1. *Rapport*, pp. 33, 151, 275.

elles se peignent, erre souvent incertaine de ce bien infini auquel, entièrement libre, elle tendrait toujours, à ces biens imparfaits auxquels elle aliène une partie de son indépendance [1]. » La haute métaphysique nous fait entrevoir quel est ce bien absolu vers lequel soupire toute créature.

M. Ravaisson ne veut pas que la philosophie se prive des lumières que peut lui apporter la foi religieuse. «Peut-être, dit-il [2], serait-ce une morale incomplète et à beaucoup d'égards plus étroite que celle de l'Évangile, que celle de l'Ancien Testament, que celle même du bouddhisme, la morale qui, ne dépassant en rien le cercle de la nature et de la raison, n'irait point chercher sa racine où la nature et la raison ont la leur, dans le principe surnaturel et supra-rationnel qu'exprime, dans l'ordre religieux et moral, la loi d'amour et de sacrifice, connue déjà des religions de l'Orient et que le christianisme a mise dans une si grande lumière. »

Ces hautes pensées dont nous paraissons aujourd'hui mieux disposés à sentir le prix se retrouvent dans les écrits plus récents de M. Ravaisson. Elles le portent à goûter le génie profond d'un Pascal [3]. Elles lui font apercevoir que le secret de l'éducation [4], la meilleure manière

---

1. *Rapport*, pp. 259, 260, 270.
2. *Idem*, p. 236.
3. *Revue des Deux-Mondes*, 15 mars 1887. Voir aussi le *Rapport sur le prix Victor Cousin*, 1884.
4. Voir *Réforme sociale*, 15 juin 1886 ; *Revue Bleue*, 23 avril

d'éveiller et d'élever les âmes, c'est l'amour, c'est l'enthousiasme. Elles disposent à chercher l'Esprit dont la nature est la dispersion, non pas seulement chez les philosophes de profession, mais auprès des grands artistes, dans l'étude et la contemplation d'un chef-d'œuvre antique, comme la Vénus de Milo.

A ce nouveau spiritualisme, dont s'inspirent des maîtres tels que M. Boutroux[1], M. Bergson [2], M. Séailles[3], on reprochera peut-être de tendre vers une sorte de monisme psychiste, de ne pas distinguer suffisamment Dieu du monde. Mais quelle que soit sa manière de trancher ces problèmes qui sans doute ne recevront jamais de solution définitive et bien nette, il faut reconnaître que cette doctrine conduit naturellement à une sympathie sincère pour les choses de l'art, de la religion, comme pour les vertus des humbles, parce qu'elle sait y reconnaître des révélations inappréciables de l'Esprit. Elle aide à comprendre une pensée profonde de saint Thomas, qui croyait avoir plus appris par la prière fervente que par ses recherches studieuses : il disait qu'on peut aimer plus qu'on ne connaît ; et cela est vrai surtout du Bien suprême que notre in-

---

1887 et 22 août 1891. Voir aussi *Dictionnaire de pédagogie*, articles *Art* et *Dessin*.

1. *De la contingence dans les lois de la nature*, 1874.
2. *Essai sur les données immédiates de la conscience*, 1889.
3. *Le génie dans l'art*, 1883. *Léonard de Vinci*, 1892.

telligence est incapable d'embrasser, mais dont nous semblons nous rapprocher par l'amour.

Voilà quelques-unes des causes qui inclinent les contemporains à se fier au cœur. N'indiquent-elles pas quelle pourrait être la portée de ce mouvement ? Ce qu'il révèle, au fond, c'est la persistance ou le réveil de la foi sur laquelle reposent la métaphysique et la religion. En observant les principaux représentants de cet état d'esprit, on n'a donc aucune chance d'inventer à nouveau la morale. Mais on se rendra mieux compte de la voie par laquelle les âmes modernes y arrivent le plus naturellement, et l'on réussira peut-être à éclairer d'un jour nouveau les anciennes vérités, qui semblent parfois, tant elles sont profondes, avoir été à peine effleurées.

Je ne cache pas que l'une des principales raisons qui m'attachent à cette étude c'est que je vois dans les dispositions qu'elle fait apparaître la manifestation de ce christianisme intérieur qu'on peut découvrir, à des degrés divers, au fond de toutes les consciences ; c'est que ce mouvement me paraît disposer les âmes à une sympathie profonde pour le Dieu de l'Évangile. L'irréligion contemporaine repose très souvent sur l'égoïsme pratique qui empêche la vie supérieure de se développer, sur le pessimisme amer qui juge le monde trop mal fait pour être l'œuvre d'un Dieu bon. Faire sentir le prix de la charité, montrer que l'amour est ce que nous connaissons de plus élevé, la réalité souveraine, et doit être par suite la raison dernière des choses, n'est-ce pas d'un intérêt suprême, pour ceux dont la foi peut se résumer en ces deux mots : « *Credidimus caritati*[1] ? »

1. 1ʳᵉ épître de St Jean, IV, 16.

LA MORALE DU CŒUR

CHAPITRE PREMIER

JEAN-JACQUES ROUSSEAU (1712-1778)

C'est Rousseau qui introduit dans le monde moderne, avec un succès extraordinaire, ce qu'on pourrait appeler la morale du cœur. Après *la Nouvelle Héloïse* et *l'Émile* (1759-1762), il se produit une véritable révolution dans la manière de penser et surtout dans la manière de sentir. La vertu paraît tout autre dans sa fraîche nouveauté, et on lui trouve des charmes qu'on ne lui avait jamais connus. L'art rajeuni, comme par un souffle de printemps, promet des joies neuves. On a pu dire [1] que si toute la poésie de la première moitié du xviii° siècle est dans Marivaux, « toute la poésie de la seconde moitié est

---

1. J. Lemaitre, *Impressions de théâtre*, II, 28.

dans Jean-Jacques Rousseau et dans Bernardin de Saint-Pierre ». Mais l'auteur de *Paul et Virginie* n'est que l'un des disciples du maître ; et ce n'est pas seulement la fin du dernier siècle, c'est une bonne partie du nôtre, qui a puisé sa poésie aux sources découvertes par le premier des romantiques.

I

D'où vint à Rousseau la révélation de l'idéal nouveau qu'il apportait ? C'est une question à laquelle on ne donnera jamais une solution précise et simple comme à un problème de mathématiques. Mais on devine quelles impressions Jean-Jacques a dû recevoir de l'existence qu'il a menée, du temps où il a vécu, et elles éclairent un peu la genèse de son œuvre.

On connaît son histoire [1] : une vie d'aventures et d'expédients, accidentée comme un roman, triste comme tout ce qui abaisse et flétrit l'âme ; une condition très modeste avec un prodigieux amour-propre et une extraordinaire puissance de rêve ; la révélation tardive d'un génie littéraire

---

1. Voir le consciencieux ouvrage de M. Henri Beaudoin, le premier qui ait traité à fond l'ensemble du sujet : *La vie et les œuvres de Jean-Jacques Rousseau*, 2 vol. in-8, 1891.

de premier ordre. Il était fils d'un artisan genevois, horloger et maître à danser, violent et romanesque. Ne retrouve-t-on pas dans ses œuvres la trace persistante du milieu un peu trouble et limoneux[1] dont il sortait? Il ne reçut pas l'éducation ordinaire des gens de lettres. Il apprit à lire dans des romans qui furent, avec Plutarque et Tacite, les principaux maîtres de son enfance. Sa mère, qui mourut en lui donnant le jour, manqua à ses premières années, et peut-être cette lacune irréparable explique-t-elle quelques-unes des défaillances du pauvre grand homme. Il avait, dès le début, l'âme très sensible. Son père lui disait quelquefois : « Allons, Jean-Jacques, parle-moi de ta mère. — Si je vous en parle, répondait l'enfant, vous allez pleurer. » Voyageant à pied, à travers un pays admirable, la Suisse, la Savoie, la Haute-Italie, essayant tous les métiers, il avait goûté les joies et les souffrances des vies obscures et ignorées. Il était trop impressionnable pour ne rien retenir de ce contact très intime avec la nature et avec les humbles. La musique avait très vivement éveillé chez lui le sens de l'art. Il aimait tout ce qui émeut. Il avait un profond mépris des beaux esprits et des vertus de convention. Il était prêt à écouter la voix du cœur et à la proclamer souveraine.

Sa production d'écrivain révèle bien « un

---

[1]. Voir P. Mugnier, *Madame de Warens et Jean-Jacques Rousseau*, 1891.

homme de sentiment [1] ». Lorsque à trente-huit ans il débuta par son célèbre *Discours sur l'influence des sciences et des arts* (1750), c'est que l'idée de développer un paradoxe retentissant sur les funestes effets de la civilisation l'avait subitement enflammé. Tous ses grands ouvrages, sauf *les Confessions*, parurent en trois années, *la Nouvelle Héloïse* en 1759, *l'Émile* et *le Contrat social* en 1762. Il n'y a pas d'auteur plus capricieux. D'ailleurs, le métier littéraire lui faisait horreur, et il prétendait vivre d'un autre travail : il copiait de la musique. Ajoutez qu'il subit quelques-uns des défauts de son siècle, logicien à l'excès et ami des abstractions ; qu'il développa longuement et gravement des sophismes malfaisants ; qu'il fut souvent emphatique et déclamatoire. Mais tout cela passa presque inaperçu dans l'enthousiasme indescriptible qu'il excita.

C'est qu'il avait ressenti et exprimé les aspirations intimes de la société française au déclin de l'ancien régime. Celle-ci prépare Rousseau aussi bien par ce qu'elle contient en germe que par ce qui lui manque, en sa lassitude, et dont elle sent confusément le besoin. Pour comprendre cet étrange génie et l'influence que ses ouvrages ont exercée, il faut voir en lui moins un inventeur de système que le représentant d'un

---

1. Bersot, introduction à l'ouvrage de M. St-Marc Girardin sur J.-J. Rousseau.

état d'âme. Il est la manifestation la plus caractéristique d'un mouvement psychologique, qui s'accuse avant lui et qui se prolonge après lui. De là sa puissance. N'est-ce pas toujours ainsi ? Dans le monde moral comme dans le monde matériel, nous ne faisons que combiner des forces et développer des germes dont nous ne sommes pas les créateurs. Nous sommes les collaborateurs plus ou moins conscients de grandes œuvres, que nous n'avons pas commencées et que nous n'achevons pas.

Si l'on recherchait ceux qui ont pu, avant la seconde moitié du xviii° siècle, faire pressentir quelque chose de la morale nouvelle, il faudrait citer des esprits très divers : Pascal, Fénelon, Mme de Lambert, Vauvenargues.

Rien de plus éloigné de Rousseau que le jansénisme. Mais c'est par le cœur que Pascal échappait aux conséquences de ces doctrines désolantes et au scepticisme absolu. L'auteur du *Mystère de Jésus* a écrit : « Le cœur a ses raisons que la raison ne connaît point... C'est le cœur qui sent Dieu. » Et encore : « Jésus-Christ... n'a point donné d'invention, il n'a point régné ; mais il a été humble, patient, saint, saint, saint à Dieu, terrible aux démons, sans aucun péché. Oh ! qu'il est venu en grande pompe et en une prodigieuse magnificence aux yeux du cœur qui voient la Sagesse ! »

La religion que prêche Fénelon n'est-elle pas

aussi la religion du cœur ? Ce qui l'attire dans le quiétisme, n'est-ce pas l'exaltation du pur amour ? « Il faut mettre Dieu, qui est le tout, en la place que le *moi* occupait comme s'il eût été le tout, le centre et la loi universelle. Il faut réduire ce *moi* dans son petit coin, comme une faible parcelle du bien emprunté... Je ne raisonne point, je ne demande rien à l'homme, je l'abandonne à son amour ; qu'il aime de tout son cœur ce qui est infiniment aimable et qu'il fasse ce qu'il lui plaira : ce qui lui plaira ne pourra être que la plus pure religion. Voilà le culte parfait : *nec colitur nisi amando* [1]. » Bernardin de Saint-Pierre raconte qu' un lundi de Pâques il se promenait avec Rousseau aux environs de Paris et qu'il le fit entrer par hasard dans une pauvre église, où l'on récitait les litanies de la Providence. Cette prière populaire était touchante dans sa simplicité. Il dit à son ami qui était profondément ému : « Si Fénelon vivait, vous seriez catholique. » Celui-ci répondit, les larmes aux yeux, et donnant une expression singulière à son enthousiasme : « Oh ! si Fénelon vivait, je chercherais à être son laquais, pour mériter d'être son valet de chambre. »

Fénelon connut et approuva les *Avis* de Mme de Lambert *à son fils*. « Je vous exhorterai bien plus, mon fils, écrit-elle, à travailler sur votre

---

[1]. Fénelon, *Lettre sur le culte de Dieu*, etc.

cœur qu'à perfectionner votre esprit : la vraie grandeur de l'homme est dans le cœur. » Cette femme du monde, délicate et lettrée, est en effet « l'un des premiers moralistes qui au sortir du xviie siècle soient revenus à l'idée très peu janséniste que le cœur humain est assez naturellement droit et que la conscience, si on sait la consulter, est le meilleur témoin et le meilleur juge... Elle donne à sa manière le signal que Vauvenargues à son tour reprendra et qui, aux mains de Jean-Jacques, deviendra un instrument de révolution universelle [1] ».

La morale nouvelle est clairement annoncée par Vauvenargues, qui fut le premier et le plus pur représentant de la philosophie humanitaire, et qui, plus jeune que Rousseau de trois années, mourut avant que celui-ci n'eût donné ses premiers ouvrages. Non seulement il conseille à un jeune ami d'*aimer les passions nobles* : « Si vous avez quelque passion qui élève vos sentiments, dit-il, qui vous rende plus généreux, plus compatissant, plus humain, qu'elle vous soit chère; » il prévoit encore qu'un grand changement va se produire dans les idées courantes. « L'homme est maintenant en disgrâce chez tous ceux qui pensent, et c'est à qui le chargera de plus de vices; mais peut-être est-il sur le point de se relever et de se faire restituer toutes ses vertus. »

1. *Causeries du lundi*, IV, 231.

Ce qui explique Rousseau beaucoup mieux que tous les précurseurs qu'on peut lui découvrir, c'est un état des esprits et des mœurs qui devait provoquer une réaction inévitable. Le jansénisme, la sécheresse et les insuffisances des doctrines matérialistes, les abus de la vie de salon, le règne du raisonnement, des idées générales, des abstractions, finiraient bien par fatiguer les âmes et par déterminer une grande revanche de la sensibilité.

On est très près d'excuser Rousseau célébrant la bonté native de l'homme, quand on songe à la triste nature que nous infligeaient les jansénistes, en faussant le dogme de la déchéance originelle. Ils sont un peu responsables des exagérations de *l'Émile*. Écoutez Nicole, qui n'est pas parmi les plus sombres ni les plus rigoureux. « Qu'on s'imagine, dit-il [1], une plaie universelle, ou plutôt un amas de plaies, de pestes, de charbons, dont le corps de l'homme soit tout couvert; qu'entre ces plaies il y en ait qui paraissent plus envenimées et enflammées, d'autres qui semblent comme amorties et sans ardeur, mais qu'elles aient néanmoins cela de commun qu'elles puissent toutes devenir mortelles, celles même qui paraissent approcher de la guérison se pouvant aigrir et enflammer de nouveau par diverses causes intérieures et extérieures capables de

---

[1]. Nicole, *De la connaissance de soi-même*, 2º partie, ch. III.

produire cet effet sans que cet homme ait aucun moyen ni aucune force pour l'empêcher. Voilà l'image de l'état où nous sommes nés et de ce que nous sommes par nature. » Prêtez à ces êtres malheureux, dont la liberté est illusoire, un maître sévère qui les épie et leur impose des devoirs, sans leur donner la force de les remplir. C'est le Dieu des jansénistes, qui rend insensible et détache de toute affection [1]. C'est en lui que Musset ne peut reconnaître l'idéal de bonté que cherche son cœur tourmenté.

> Me voilà dans les mains d'un Dieu plus redoutable
> Que ne sont à la fois tous les maux d'ici-bas ;
> Me voilà seul, errant, fragile et misérable,
> Sous les yeux d'un témoin qui ne me quitte pas.
> Il m'observe, il me suit. Si mon cœur bat trop vite,
> J'offense sa grandeur et sa divinité.
> ... Pour moi tout devient piège et tout change de nom ;
> L'amour est un péché, le bonheur est un crime,
> Et l'œuvre des sept jours n'est que tentation.
> Je ne garde plus rien de la nature humaine [2].

Tout autre est la religion du Vicaire savoyard. « Mon cœur, dit-il [3], ne serait point attiré vers ce Dieu terrible. »

Mais il éprouve une égale répugnance pour le matérialisme grossier, brutal, des Helvétius et des La Mettrie. Ceux-ci ne laissaient à l'homme d'autre idéal que des plaisirs médiocres et per-

---

1. Voir *Tartuffe*, acte I, scène vi.
2. *L'espoir en Dieu*.
3. *Émile*, l. IV, p. 357. Édition Firmin Didot, 1877.

sonnels, d'autre mobile que l'intérêt bien entendu. Chez certains partisans des doctrines nouvelles, il y avait fort peu d'élévation, une suffisance insupportable, un dogmatisme déplaisant. A leurs négations, Rousseau oppose les affirmations de la conscience ; à leurs lourds raisonnements le sentiment intime qui nous révèle la dignité de notre âme et ses hautes destinées. A une société fatiguée de disputes, de subtilités et de raisonnements orgueilleux, il annonce qu'il faut écouter la voix du cœur.

On est las de la vie très polie, très artificielle et très vide qu'imposent les conventions et les usages. Les belles manières, les bons mots et la galanterie facile ne satisfont pas entièrement les aspirations humaines. Cela ne suffit même plus à chasser l'ennui qui enveloppe tout. La femme surtout en souffre. « Elle sent en elle comme un désert. Point de sentiment, point de force supérieure qui la soutienne, point de source de tendresse qui la désaltère : rien qu'une occupation de tête, une sorte de libertinage de pensées qui la laisse retomber à toute heure dans le désenchantement de la vie... De là cette aridité à laquelle elle ne peut remédier et dont elle se désole. De là cette prostration singulière, ce sentiment de lassitude qui émousse sa conscience, cet énervement dans le plaisir, ce goût de cendre qu'elle trouve à tout ce qu'elle goûte [1]. » Au

1. E. et J. de Goncourt, *La femme au* XVIIIe *siècle*, 411.

milieu de ce scepticisme et de cet égoïsme, le besoin vient de croire aux sentiments simples, naturels, sincères, et de les éprouver. Dès que Rousseau se sera fait connaître, toutes ces âmes qui se meurent dans le vide le salueront comme un sauveur, comme le révélateur d'une vie nouvelle.

Même avant l'apparition de *la Nouvelle Héloïse*, on trouverait facilement la trace de ces aspirations confuses dans la peinture, avec Greuze [1], et surtout au théâtre. La gaieté de Marivaux est parfois relevée d'émotion, et l'on goûte avec délices ce mélange de sourire et d'attendrissement. Mais il y a une *comédie* véritablement *larmoyante*. La Chaussée écrit sa première pièce *La fausse antipathie* en 1733, et celle qui est le plus accentuée dans le genre pleurard, *Mélanide*, date de 1741 [2]. Dans toute sa carrière dramatique, il ne présente « pas un honnête homme, pas une femme vertueuse (et il n'en présente guère d'autres), qui ne soient sensibles par-dessus tout... Déjà l'ennui, la lassitude et le vide du cœur pesaient lourdement sur la société. Le plaisir physique était émoussé par l'abus ; on avait eu trop d'esprit, et trop raffiné. On commençait à avoir soif de sentiment, à aimer l'exaltation et les larmes. C'est par Rousseau que

---

1. E. et J. de Goncourt, *L'art au* XVIIIe *siècle*, 2e série, p. 51.
2. Larroumet, *Marivaux*, p. 302.

le larmoyant passa de la scène et des romans dans la réalité¹ ».

L'auteur de *la Nouvelle Héloïse* devait en effet donner une expression et une justification à ces besoins. Il apportait une conception nouvelle de la nature humaine et de la vertu.

II

C'est au fond de chaque âme que Rousseau, réhabilitant passionnément la nature humaine, cherche le principe de la vie morale renouvelée. Exaltation de la raison individuelle, avec un grand mépris de la raison collective, des autorités traditionnelles, des pratiques et des enseignements extérieurs ; appel constant à ce qu'il y a de plus intime et de plus personnel en chacun de nous, au sentiment ; souveraineté de la conscience et du cœur : voilà d'où dérivent toute la philosophie² de ce hardi novateur, le charme de sa poésie, son système d'éducation, sa religion et sa politique.

On aperçoit une idée très juste dans cette manière de concevoir la vertu. Celle-ci est bien le

---

1. G. Lanson, *Nivelle de la Chaussée et la comédie larmoyante*, 1887, chap. VI.
2. M. Charles Borgeaud a montré dans cette doctrine du *sentiment intérieur* la forme première de la théorie de la *raison pratique* de Kant. *J.-J. Rousseau's Religionsphilosophie*, 1883.

développement d'une vie intérieure que personne ne pourrait créer, si nous n'en portions le germe en nous-mêmes. Il y a dans la conscience humaine une lumière primitive que tous les raisonnements et toutes les expériences du monde ne sauraient ni allumer ni éteindre. « Consultons notre cœur [1]. » Et sous l'influence de cette doctrine, on retrouva la faculté, le goût de s'émouvoir; on ne se cacha plus de pleurer. On se savait gré d'aimer. La morale semblait renouvelée, reposant non plus sur des raisonnements plus ou moins contestables, sur les calculs d'un égoïsme bien entendu, mais sur les sentiments naturels et primitifs de l'âme humaine.

Le *Discours sur l'origine et les fondements de l'inégalité parmi les hommes* (1753) donne le premier exposé de la nouvelle méthode dans des pages où Schopenhauer [2] trouvera plus tard le germe de sa doctrine. Il y a au fond de nous-mêmes deux principes essentiels, « antérieurs à la raison, » et d'où dérivent toutes les règles du droit naturel : l'amour de nous-mêmes et la pitié. « L'un nous intéresse ardemment à notre bien-être et à la conservation de nous-mêmes, et l'autre nous inspire une répugnance

---

[1]. *Lettres sur la vertu et le bonheur.* Ce sont peut-être les pages qui expriment le mieux, avec le moins de paradoxes, la pensée philosophique de Rousseau. (*Œuvres et correspondance inédites de J.-J. Rousseau*, publiées par G. Streckeisen-Moultou, 1861.)

[2]. Voir chap. VI.

naturelle à voir périr ou souffrir tout être sensible, et principalement nos semblables. »

« Il ne faut pas confondre l'amour-propre et l'amour de soi-même, deux passions très différentes par leur nature et leurs effets. L'amour de soi-même est un sentiment naturel, qui porte tout animal à veiller à sa propre conservation, et qui, dirigé dans l'homme par la raison et modifié par la pitié, produit l'humanité et la vertu. L'amour-propre n'est qu'un sentiment relatif, factice, et né dans la société, qui porte chaque individu à faire plus de cas de soi que de tout autre, qui inspire aux hommes tous les maux qu'ils se font mutuellement, et qui est la véritable source de l'honneur. » De là les jalousies, les haines, les désirs de vengeance, les violences. « Dans le véritable état de nature, l'amour-propre n'existe pas. »

La pitié est une disposition qui convient bien « à des êtres aussi faibles et sujets à autant de maux que nous le sommes, vertu d'autant plus universelle et d'autant plus utile à l'homme qu'elle précède en lui l'usage de toute réflexion, et si naturelle que les bêtes mêmes en donnent quelquefois des signes sensibles ». De cette source découlent toutes les vertus sociales, la bienveillance, l'amitié, le dévouement. « Qu'est-ce que la générosité, la clémence, l'humanité, sinon la pitié appliquée aux faibles, aux coupables, ou à l'espèce humaine en général?... La pitié est un sentiment naturel qui, modérant dans chaque individu l'activité de l'amour de soi-même, concourt à la conservation naturelle de toute l'espèce. C'est elle qui nous porte sans réflexion au secours de ceux que nous voyons souffrir ; c'est elle qui, dans l'état de nature, tient lieu de loi, de mœurs et de vertu, avec cet avantage que nul n'est tenté de désobéir à sa douce voix... C'est dans ce sentiment naturel plutôt que dans des arguments subtils, qu'il faut chercher la cause de la répugnance que tout homme éprouverait à mal faire, même indépendamment des maximes de l'éducation. Quoiqu'il puisse appartenir à Socrate et aux esprits de sa trempe d'acquérir de la vertu par la raison, il y a longtemps que le genre humain ne serait plus, si sa conservation n'eût dépendu que des raisonnements de ceux qui le composent. »

Observez que les animaux eux-mêmes sont protégés contre la cruauté des hommes par cette large compassion embrassant tous les êtres capables de souffrir. Ce n'est pas l'un de ses moindres mérites pour les âmes modernes. « Si je suis obligé de ne faire aucun mal à mon semblable, c'est moins parce qu'il est un être raisonnable qu'un être sensible, qualité qui, étant commune à la bête et à l'homme, doit au moins donner à l'une le droit de n'être point maltraitée inutilement par l'autre. »

Cette analyse fournit quelques-unes des idées

que l'on développe aujourd'hui pour essayer d'établir la genèse du sens moral, et elle explique l'ensemble de l'œuvre de Rousseau.

De là, les maximes de *la Nouvelle Héloïse*. « Sitôt qu'on veut rentrer en soi-même, chacun sent ce qui est bien, chacun discerne ce qui est beau[1]. — Je me suis souvent trouvé en faute sur mes raisonnements, jamais sur les mouvements secrets qui me les inspirent, et cela fait que j'ai plus de confiance à mon instinct qu'à ma raison [2]. — Dans une âme honnête les passions gardent encore le saint caractère de la vertu [3].— Le vulgaire ne connaît point de violentes douleurs et les grandes passions ne germent pas chez les âmes faibles[4]. » Voilà des thèmes sur lesquels le romantisme exécutera bien des variations.

De là dérivent *l'Émile* et la théorie de l'éducation négative. Il est facile aujourd'hui de relever tout ce que ce livre contient d'erreurs et d'utopies. Mais Rousseau y a mis du moins deux vérités essentielles, très vivement senties. La première, c'est que les tendances malfaisantes dont nous attribuons la présence à une corruption originelle, trop facile à invoquer, sont très souvent notre œuvre personnelle et que nous faisons parfois tout ce qu'il faut pour donner aux

1. I, 12.
2. II, 18.
3. I, 5.
4. II, 6.

enfants nos propres défauts. La seconde, c'est que l'éducation a pour but, non pas d'enfermer l'élève dans un moule déterminé, dans une leçon apprise, mais d'éveiller son activité propre, de l'aider à se développer et à se former lui-même.

C'est dans cet ouvrage que se résument et se dégagent le plus nettement les idées chères au penseur genevois. « Tout est bien, proclame-t-il, sortant des mains de l'Auteur des choses; tout dégénère entre les mains de l'homme [1]. — Posons pour maxime incontestable que les premiers mouvements de la nature sont toujours droits : il n'y a point de perversité originelle dans le cœur humain; il ne s'y trouve pas un seul vice dont on ne puisse dire comment et par où il y est entré [2]. — L'homme est naturellement bon... la société déprave et pervertit les hommes [3]. » Et puis elle s'étonne de son ouvrage et condamne l'enfant qu'elle a déformé. « On verse dans son jeune cœur les passions qu'on impute ensuite à la nature, et, après avoir pris peine à le rendre méchant, on se plaint de le trouver tel [4]. » Donc « la première éducation doit être purement négative. Elle consiste, non point à enseigner la vertu, ni la vérité, mais à garantir le cœur du vice et l'esprit de l'erreur [5] ». N'essayez pas de

1. L. I, début.
2. L. II, p. 78.
3. L. IV, p. 273.
4. L. I, p. 21.
5. L. II, p. 80.

faire tout de suite de votre élève un homme. « Exercez son corps, ses organes, ses sens, ses forces, mais tenez son âme oisive aussi longtemps qu'il se pourra... Laissez mûrir l'enfance dans les enfants. » Étudiez leur tempérament. Chez l'adolescent, vous favoriserez l'éclosion des deux sentiments qui sont le fondement de la conscience et qui se développent tout naturellement, l'amour de soi, très différent de l'amour-propre, et la pitié. La commisération naît d'elle-même au contact de la souffrance que l'on est bien sûr de rencontrer en soi et chez les autres. Il faut « exciter et nourrir cette sensibilité naissante,... offrir au jeune homme des objets sur lesquels puisse agir la force expansive de son cœur, qui le détachent, qui l'étendent sur les autres êtres,... écarter avec soin ceux qui le resserrent, le concentrent et tendent le ressort du moi humain [1] ». N'est-ce pas après tout le meilleur de l'amour que cet affranchissement de l'égoïsme ? Il peut n'être qu'illusion, qu'un simple rêve. « Eh ! qu'importe ? En sacrifie-t-on moins tous ses sentiments bas à ce modèle imaginaire ? En pénètre-t-on moins son cœur des vertus qu'on prête à ce qu'il chérit ? S'en détache-t-on moins de la bassesse du moi humain [2] ? » — « Apprenez à votre élève à aimer tous les hom-

---

[1]. L. IV, p. 254.
[2]. L. V, p. 480.

mes¹ », mais surtout les petits, les humbles, les « misérables ». — « Parlez devant lui du genre humain avec attendrissement, avec pitié même, mais jamais avec mépris. — *Justice* et *bonté* ne sont qu'un progrès ordonné de nos affections primitives... Par la seule raison, indépendamment de la conscience, on ne peut établir aucune loi naturelle. Tout le droit de la nature n'est qu'une chimère, s'il n'est fondé sur un besoin naturel au cœur humain ². — Tout ce que je sens être bien est bien, tout ce que je sens être mal est mal; le meilleur de tous les juges est la conscience, et ce n'est que quand on marchande avec elle qu'on a recours aux subtilités du raisonnement ³. — Il est au fond des âmes un principe inné de justice et de vertu, sur lequel, malgré nos propres maximes, nous jugeons nos actions et celles d'autrui comme bonnes ou mauvaises ⁴. » La vertu consiste à suivre cet instinct divin.

« C'est une erreur de distinguer les passions en permises et en défendues, pour se livrer aux premières et se refuser aux autres. Toutes sont bonnes quand on en reste le maître, toutes sont mauvaises quand on s'y laisse assujettir. Ce qui nous est défendu par la nature c'est d'étendre nos attachements plus loin que nos forces... Veux-tu

1. L. IV, p. 258.
2. L. IV, p. 270.
3. L. IV, p. 339.
4. L. IV, p. 243.

donc vivre heureux et sage, n'attache ton cœur qu'à la beauté qui ne périt point : que ta condition borne tes désirs... L'homme à qui tout échappe ne jouit que de ce qu'il sait perdre [1]. » Savoir se résigner à l'inévitable, cela aussi est un commandement de la nature.

Le cœur conduit à Dieu : il n'y a pas d'autre vraie religion. Combien de femmes, et d'hommes aussi, pendant tout le règne du romantisme, aimeront ces rêveries teintes de religiosité auxquelles se prête si bien la foi du Vicaire savoyard! A Paris, « par un beau soir, devant un ciel qui brille encore et n'éblouit plus, devant cette voûte où les étoiles s'allument une à une derrière le jour, une femme émue, ravie, détachée de la terre, cherchant quelque chose d'intelligent et de sensible qui puisse l'entendre et recevoir l'effusion de son âme, une femme qui sera Mme Roland, trouvera le Dieu de Rousseau dans ce ciel qui va s'éteindre ; et de sa fenêtre du quai, elle jettera cette prière au soleil disparu : « O toi, dont mon esprit raisonneur va jusqu'à rejeter l'existence, mais que mon cœur brûle et souhaite d'adorer, première intelligence, suprême ordonnateur, Dieu puissant et tout bon, que j'aime à croire l'auteur de tout ce qui m'est agréable, accepte mon hommage, et si tu n'es qu'une chimère, sois la mienne pour jamais [2]. »

1. L. V, pp. 553, 554.
2. E. et J. de Goncourt, *La femme au* XVIIIe *siècle*, p. 418.

Mais pour l'auteur de *l'Émile* ce n'est pas une chimère que cet idéal dont nous portons au fond de nous-mêmes l'amour instinctif et comme l'image à demi effacée, sans que notre esprit puisse le saisir. Le sentiment intérieur ne nous trompe pas. Son témoignage est plus sûr que tous les raisonnements, que l'autorité de toutes les religions. « Ce que Dieu veut qu'un homme fasse, il ne le lui fait pas dire par un autre homme, il le lui dit lui-même, il l'écrit au fond de son cœur [1]. » Aussi le culte essentiel est-il celui du cœur [2]. Si l'on se sent attiré vers Jésus-Christ, c'est que la beauté de sa vie et de sa mort révèle un Dieu, c'est que « la sainteté de l'Évangile parle au cœur [3] ». Mais les dogmes et les pratiques de l'Église ne sauraient s'imposer à nous. Pas de religion positive qui oblige. Les rites et les enseignements traditionnels sont souvent une entrave. On arrive mieux à Dieu par le cœur.

Dans sa politique, Rousseau semble encore se laisser guider par le besoin de réagir contre toute autorité extérieure. Ni conventions, ni traditions ne sauraient prescrire contre la souveraineté des individus. Ils sont les vrais dépositaires de ce pouvoir public qui est nécessaire à la vie sociale. Mais comme ils sont absolument égaux, la majorité seule décide entre eux, et la loi

---

[1]. *Emile*, l. IV, p. 239.
[2]. *Idem*, l. IV, p. 371.
[3]. *Idem*, l. IV, p. 370.

ainsi faite est toujours juste. Il n'y a pas de droit contre l'autorité suprême de l'État. Elle ne peut « pas plus se modifier que s'aliéner; la limiter c'est la détruire [1] ». Et l'auteur du *Contrat social* semble à peine se douter du terrible despotisme que son système permettrait d'exercer au nom de la volonté générale.

III

Que reste-t-il de la doctrine de Rousseau et de l'expérience que les âmes modernes en ont faite ?

Il est clair qu'elle présente de graves lacunes. Tantôt elle entend par sentiment une vérité qui s'impose à la conscience; tantôt un mouvement spontané, une sorte d'instinct plus au moins vague. Et elle fait ainsi une confusion dangereuse. Elle exalte l'orgueil individuel et affaiblit l'autorité de la raison impersonnelle. Elle conduit facilement, sous prétexte de glorification de la nature, à une sorte d'apothéose des passions. Avec sa générosité apparente, il n'est pas rare qu'elle cache un amour-propre gigantesque et un triste fond d'égoïsme.

---

1. *Contrat social*, l. III, XVI.

N'avait-il pas subi cette influence de l'exaltation du sentiment aux dépens de la raison, Saint-Martin, l'étrange philosophe qui prêcha le mysticisme au xviiie siècle finissant? Rousseau l'attirait tout spécialement. « Un des regrets de sa vie était de ne l'avoir pas connu. Il croyait avoir avec lui des analogies nombreuses de caractère et de destinée [1]. » N'était-ce pas la mise en pratique de la religion du cœur que cet effort pour se rapprocher de Dieu par la voie de la contemplation et du sentiment, que cette tentative de se mettre ainsi en communication directe avec le principe des choses? Le sens du divin, qui sert de base à ce christianisme expérimental, ne ressemblait-il pas au sens moral, « ce sixième sens [2], » dont parlait l'auteur des *Confessions?* Mais on perd le sens du réel et le goût de l'action en cultivant cet art dangereux d'exalter les aspirations les plus mystérieuses de l'âme, et de provoquer l'extase dans l'orgueilleuse espérance de se saisir du surnaturel. Rêveries maladives qui égarent dans le vide quand elles ne conduisent pas à la folie, comme ce bizarre *Louis Lambert*, dont Balzac a conté l'histoire. On ne construit pas une philosophie avec de vagues instincts, ni une religion avec des caprices de sensibilité.

On pourrait citer, dans la même famille d'es-

---

1. Caro, *St-Martin*, p. 36.
2. *Confessions*, l. XI.

prits, d'autres disciples plus ou moins égarés de Rousseau, mais dont les égarements mêmes sont très instructifs, — M{ʰᵉ} de Krüdner, qui ne savait plus guère distinguer le rêve du réel, — et le philosophe allemand Werner, qui prêchait, à Coppet, non sans faire sourire, la morale du très saint amour. « La vraie religion, pensait-il[1], c'est d'aimer Dieu. Mais si l'on ne peut s'élever si haut, c'est du moins d'aimer quelqu'un ; car ce qu'on aime dans sa maîtresse, c'est Dieu. » — Bien des romantiques ont dit à peu près la même chose. Ils ont la manie de faire intervenir Dieu, chaque fois que l'homme fait une sottise : et l'un de leurs thèmes favoris c'est que les passions sanctifient.

Combien la morale de Rousseau était impuissante à réfréner les instincts violents et sanguinaires de la bête humaine, on le vit pendant la Terreur. Ces gens qui tuaient aimaient à s'attendrir. Il n'était pas rare alors que le *Moniteur*, après le compte-rendu de la guillotine, annonçât pour le soir *Nina ou la folle par amour*. « A l'Opéra-Comique les tricoteuses étaient en pleurs ; elles chantaient le matin la carmagnole et le soir la romance. Les conventionnels, a dit Chateaubriand, se piquaient d'être les plus bénins des hommes : bons pères, bons fils, bons maris, ils menaient promener les petits enfants ; ils leur servaient de nourrices ; ils prenaient dou-

---

1. Caro, *La fin du* xviiiᵉ *siècle*, I, 139.

cement dans leurs bras ces petits agneaux, pour leur montrer le dada des charrettes qui conduisaient les victimes au supplice [1]. »

C'est que la sensiblerie, pas plus que la lâcheté, n'exclut la cruauté. Elle n'est guère qu'une sorte de faiblesse qui consiste à se laisser dominer par l'impression du moment. Rousseau avoue très simplement que tel est le fond de son caractère. « Dominé par mes sens, dit-il, quoi que je puisse faire, je n'ai jamais su résister à leurs impressions, et, tant que l'objet agit sur eux, mon cœur ne cesse d'en être affecté. » Ces sensations sont violentes et fugitives. « Je cède à toutes mes impulsions présentes : tout choc me donne un mouvement vif et court[2]. — En toute chose imaginable ce que je ne fais pas avec plaisir m'est bientôt impossible à faire [3]. »

Deux qualités, qui ne sont pas à dédaigner, manquent totalement au maître d'*Émile*, la pudeur et l'humilité. Il ne semble pas sentir ce qu'il y a de répugnant dans certains détails, dans certaines faiblesses. Ce n'est pas seulement absence d'éducation ou défaut de délicatesse. Il méconnaît par principe ce qu'il y a au fond de nous-mêmes de brutal et de désordonné. Tout ce qu'il a fait de honteux il en rejette la responsabilité sur les autres, sur la société. Il n'a connu dans

---

1. C. Bellaigue, *Revue des Deux-Mondes*, 1ᵉʳ février 1886.
2. *8ᵉ promenade*.
3. *6ᵉ promenade*.

sa vie aucun homme qui fût meilleur que lui-même [1]. Qu'a-t-il à cacher? Des êtres simples et sensibles montrent aisément ce qu'ils sentent et ne sentent rien dont ils doivent rougir [2]. Il ne connaît guère cette crainte secrète et instinctive, affinée par l'éducation et l'hérédité, qui éloigne les âmes pures et humbles des appétits inférieurs, des réalités tristes, de tout ce que l'homme a de bestial. Qu'importent d'ailleurs à Rousseau les fautes qu'il a commises réellement? Il s'en console avec la vertu qu'il rêve, et dont il se fait grand honneur. « Vous passez votre vie, écrit Claire à Saint-Preux [3], à vous reprocher le jour de la veille, et à vous applaudir pour le lendemain. » Mme d'Épinay définissait spirituellement son ancien ami en disant qu'il était un nain moral monté sur des échasses. De là les inchoérences de sa vie, le caractère monstrueux de son amour-propre, et quelques-uns des défauts de sa manière qui est parfois insupportable de suffisance et d'emphase. C'est un danger des rêveries sentimentales de contenter trop facilement notre conscience avec des impressions vertueuses, de nous donner ainsi une idée très haute et très fausse de nous-mêmes. On prend les bonnes intentions pour les bonnes actions, qui ne sont pas du tout la même chose.

Enfin, on serait dupe des mots si l'on n'aper-

---

1. *Lettre à M. de Malesherbes*, janvier 1762.
2. *Nouvelle Héloïse*, l. I, 5.
3. *Idem*, l. V, 10.

cevait l'égoïsme qui peut se cacher sous cette pitié attendrie. Cette sorte de dilettantisme ressemble moins à la vertu qu'à l'art de jouir de ses sentiments et de ses sensations. « S'abstenir pour jouir, écrivait Claire[1], c'est l'épicuréisme de la raison. » Les meilleurs plaisirs qu'ait connus Julie, elle les a dus au « don d'aimer[2] ». Et lorsqu'elle se voit mourir, elle résume sa vie avec un mélange de mélancolie et de sérénité qui n'est pas sans charme. « On m'a fait boire, dit-elle, jusqu'à la lie, la coupe amère et douce de la sensibilité[3]. » — Il est bien vrai que les joies du cœur ont un prix inestimable. Mais on ne les perd pas parce qu'on se propose un but plus désintéressé, parce qu'on ne les recherche pas directement. C'est peut-être le meilleur moyen de les trouver.

On peut conclure en disant que la morale de Rousseau semble viciée tout entière par un développement exagéré de l'amour-propre et de l'orgueil. C'est faute de modestie qu'on méconnaît les conditions qui sont faites au développement de notre intelligence, qu'on prétend se passer du travail collectif de l'humanité, qu'on s'isole follement dans son moi, qu'on perd contact avec l'expérience et la réalité.

Nous avons de même besoin d'un peu d'humi-

---

1. *Nouvelle Héloïse*, VI, 5.
2. *Idem*, II, 5.
3. *Idem.*, VI, 11.

lité pour nous défier des appétits inférieurs, pour reconnaître que nous sommes loin d'être de purs esprits ou d'avoir une nature parfaitement ordonnée, pour nous rendre compte de tout ce qui menace et semble étouffer parfois, sous la pression du corps, les sentiments les plus délicats de l'âme. La vraie marque qu'on aperçoit un haut idéal moral, c'est de se voir petit et mauvais à sa lumière. Rousseau ne s'en doute pas. Voilà ce qui explique pourquoi sa sensibilité se confond trop souvent, tantôt avec une sensualité déplaisante et qui répugne, tantôt avec un amour-propre démesuré, difforme, maladif, et qui aboutit à une folie véritable.

Malgré les défaillances de sa vie, malgré les insuffisances de sa doctrine, cet homme parut le révélateur d'une foi nouvelle et vivifiante. Les femmes l'adorèrent [1]. La bourgeoisie en fit son idole. La cour elle-même en raffola. S'il n'avait appris aux reines à goûter la vie simple et la nature, pourrions-nous aujourd'hui aller rêver dans ce joli village de Trianon, qui garde encore tant de poésie avec sa grâce un peu artificielle, avec les souvenirs tristes et doux qui s'y éveillent? Ce fut un attendrissement qui gagna tout le monde, jusqu'aux graves économistes. Pendant

---

[1]. Des *Lettres inédites de Jean-Jacques Rousseau* (publiées par Henri de Rothschild, avec une préface de Léo Claretie. C. Lévy, 1892) faisaient hier encore sortir de l'ombre une de ses fidèles amies et bienfaitrices, Mme Boy de la Tour.

les plus sombres jours de la Terreur, caché à la campagne, Dupont de Nemours écrivait tranquillement sa *Philosophie de l'Univers;* et il résumait les puissances qui font l'homme en deux mots : Aimer et Connaître. Pour lui la moralité était la faculté de chercher et de trouver son bonheur dans celui des autres. L'influence de Rousseau s'exerce sur les esprits les plus délicats. D'où lui vient cette puissance?

Ce qui fit à l'auteur de *la Nouvelle Héloïse* et de *l'Émile* un cortège d'admirations enthousiastes et pures, ce furent la foi à la vertu et aux immortelles destinées de l'homme, la glorification de la conscience, l'effort tenté pour provoquer une sorte de renaissance de la vie intérieure, le don de s'émouvoir et de compatir à toutes les souffrances, le sentiment de la nature et de la beauté des humbles choses. Il préférait un trait de sensibilité à tous les mots d'esprit. Il ne craignait pas de pleurer quand il était ému. La bonté du cœur lui paraissait supérieure à tout. Il aimait la création entière, et sentait la mystérieuse parenté de tout ce qui vit. Il disait à sa femme : « Quand tu me verras bien malade, et sans espérance d'en revenir, fais-moi porter au milieu d'une prairie ; sa vue me guérira. » Bernardin de Saint-Pierre résume ainsi l'œuvre de son ami : « Mères devenues nourrices ; éducation adoucie ; châtiments honteux supprimés ; l'homme, rendu moins malheureux, devient moins méchant; liens de la société naturelle renforcés; goût de la nature inspiré. » Voilà pourquoi il lui sera beaucoup pardonné.

Cette célèbre tentative faite pour fonder la morale sur le sentiment montre que la sensibilité n'est pas la vertu. Mais en se développant, elle permet à la vertu elle-même de se développer, parce qu'elle élargit la vie de l'être moral et la rend plus intense. Rousseau a répandu dans le monde beaucoup d'erreurs. Mais il a fait éprouver à l'âme moderne des sentiments nouveaux; par suite il l'a enrichie de délicatesses et de curiosités nouvelles. Toutes les doctrines qui viendront après lui devront en tenir grand compte. Qu'on le maudisse ou qu'on le bénisse, il faut reconnaître qu'il a exercé une influence décisive dans tous les domaines et que la France n'a pas été seule à la subir.

CHAPITRE II

ADAM SMITH (1723-1790) ET LES ÉCOSSAIS

I

La chaire de philosophie morale à l'Université de Glasgow fut occupée, de 1729 à 1747, par Hutcheson (il mourut cette année-là à cinquante-trois ans et fut remplacé par Thomas Craigie, son disciple immédiat) ; — de 1752 à 1763, par Adam Smith, dont Dugald Stewart devait écrire la vie ; — de 1764 à 1768, par Thomas Reid. Ajoutez à ces graves personnages, tous presbytériens zélés, David Hume, qui fut le compatriote, l'ami, le contradicteur et par suite le collaborateur intellectuel d'Adam Smith : vous aurez toute l'école écossaise. Ce furent des philosophes prudents, amis de l'observation dans les choses de l'âme, un peu défiants de la métaphysique : et c'est pourquoi, après avoir été exaltés par les spiritualistes de la première moitié du siècle, ils ont encore été traités avec quelque sympathie par les maîtres du positivisme contemporain.

C'est Hutcheson qui prétendit nous découvrir une nouvelle faculté, le *sens moral*. Elle a pour fonction propre de distinguer le bien du mal, d'être « le régulateur des affections bienveillantes, lesquelles sont le mobile des actes vertueux [1] ».

Adam Smith se demande s'il est bien nécessaire d'imaginer un ordre particulier de perceptions pour expliquer l'approbation et la désapprobation de la conscience. Il trouve étrange qu'un pareil sentiment, évidemment destiné par la Providence à être le principe régulateur de l'homme, ait été jusqu'à présent si peu connu [2]. Mais il considère comme une vérité définitivement acquise que nos premières notions du juste et de l'injuste ne viennent pas de la raison. Elles se révèlent, comme un fait d'expérience, par un sentiment immédiat qui discerne la peine et le plaisir, qui nous rend le vice haïssable et la vertu désirable. Ce sont des observations que nous pouvons faire dans les cas particuliers. La raison les combine pour formuler les règles générales de moralité [3].

Mais ce n'est pas là tout « ce système aimable qui tend particulièrement à nourrir et à fortifier

---

1. Cousin, *École écossaise*, 2ᵉ leçon.
2. *Théorie des sentiments moraux*, p. 384.
3. *Idem*, pp. 376, 377.

dans le cœur de l'homme les affections les plus douces et les plus généreuses ; qui ne se borne pas à réprimer les injustices de l'amour de soi, mais qui affaiblit puissamment ce motif en nous rappelant que son influence ne peut ennoblir aucune de nos actions [1]. » Pour Hutcheson, « la vertu consiste uniquement dans une bienveillance pure et désintéressée... Comme la bienveillance est le seul motif qui puisse rendre une action vertueuse, il en résulte que, plus elle est bienveillante, plus elle est digne d'éloges... La perfection de la vertu consiste donc à procurer le plus grand bien possible ; à soumettre toutes ses affections particulières au désir du bonheur général des hommes ; à se regarder, au milieu d'une multitude immense, comme un seul individu dont on ne doit rechercher le bonheur qu'autant qu'il peut s'accorder avec le bonheur général et y coopérer [2]. »

Voilà comment Adam Smith résume la doctrine du maître aimé qui lui enseigna la philosophie et les éléments de l'économie politique. Ajoutez que Hutcheson complète la bienveillance envers le prochain par l'amour de Dieu. Il fait dériver tout cela du sens moral. « La vertu, disait-il, ne se fonde pas sur l'intérêt, ni sur la religion, ni sur l'éducation ; mais ce sont toutes ces choses au contraire qui ont la vertu pour

1. *Théorie des sentiments moraux*, p. 355.
2. *Idem*, pp. 354, 355.

fondement. » Les pages de la *Recherche sur l'idée de vertu*[1] qui développent cette idée paraissaient admirables à Cousin : il jugeait qu'elles « ne seraient pas indignes de figurer dans la *profession de foi du Vicaire savoyard*[2] ».

Bien que cette philosophie ne prête pas une autorité suffisante au principe du devoir, n'indique-t-elle pas une méthode excellente de culture morale ? Il faut songer aux autres et les aimer, pour être sûr de toujours bien agir. « Si la tempérance ne nous rendait plus propres au service du genre humain, elle ne saurait être un bien moral. Le courage proprement dit n'est qu'une vertu d'insensé quand il ne sert pas à défendre l'innocent. La prudence ne passerait jamais pour vertu, si elle ne favorisait que notre intérêt ; et quant à la justice, si elle ne tendait au bonheur de l'homme, elle serait une qualité beaucoup plus propre à la balance, son attribut naturel, qu'à un être raisonnable[3]. » — Cela ne revient-il pas à dire que la meilleure vie consiste à ne

---

1. *Inquiry into the original of our ideas of beauty and virtue* (1725). — Hutcheson donna, en 1728, un *Essay on the nature and conduct of passions and affections with illustrations on the moral sense;* puis un résumé de son cours de philosophie morale, d'abord en latin, ensuite en anglais (*A short introduction to moral philosophy in three books, containing the elements of ethics and the law of nature, with the principles of economics and politics*, 1747). — Son fils publia, en 1755 : *A system of moral philosophy in three books, written by the late Francis Hutcheson.*
2. Cousin, *École écossaise*, 2º leçon.
3. *Recherche sur l'idée de vertu*, section II, § 1.

pas vivre pour soi ? N'est-ce pas une profonde et salutaire vérité que ce précepte de chercher en dehors de nous quelque chose de plus grand et de meilleur, qui devienne le mobile de notre activité ?

On pourrait trouver à Hutcheson des précurseurs dans l'Angleterre du xvii⁰ siècle, parmi les adversaires véhéments que rencontraient les doctrines de Hobbes. Il faudrait citer lord Shaftesbury, qui est l'inventeur de l'expression *sens moral*, et le prédicateur Butler. Mais « Shaftesbury et Butler n'ont eu que des idées, Hutcheson a eu un système [1] ». On ne devrait pas oublier non plus un anglican zélé, évêque de Péterborough, Richard Cumberland, qui prétendit donner en 1672 une réfutation solide des « abominables principes des Hobbes ». C'était un *in-quarto* qui avait pour titre : *De Legibus Naturæ discussio philosophica*. On y démontrait qu'il y a des vérités antérieures et supérieures à toutes les conventions humaines, qu'elles s'imposent à nous; que la bienveillance est le premier des devoirs, le fondement de tous les autres et le meilleur moyen d'être heureux ; que l'intérêt général et les intérêts particuliers sont solidaires, harmoniques, vérité qui deviendra le thème chéri des économistes. — Mais ce qui vaut mieux pour Hutcheson que ces prédécesseurs plus

---

1. Jouffroy, *Cours de droit naturel*, 19⁰ leçon.

ou moins oubliés, c'est qu'il eut un successeur illustre, qui fut dans une large mesure son disciple, Adam Smith.

II

C'est en 1759, l'année même où paraissait *la Nouvelle Héloïse*, que fut publiée la *Théorie des sentiments moraux*. Adam Smith avait trente-six ans. Le livre obtint un très grand succès qui fait honneur aux contemporains. Le professeur de philosophie devint un homme à la mode. On parlait de ses cours, on lui empruntait ses expressions favorites, on imitait ses intonations. Il fut chargé d'accompagner sur le continent le jeune duc de Buclough; il put ainsi fréquenter en France la société la plus éclairée, la plus polie de l'époque, et se mettre en relations personnelles avec les économistes.

Le livre qui fit cette popularité à son heureux auteur avait pour sous-titre : *Essai analytique sur les principes des jugements que portent naturellement les hommes, d'abord sur les actions des autres, et ensuite sur leurs propres actions.* Il révélait un goût très vif des recherches qui ont pour objet l'homme et la société, un esprit observateur, un cœur délicat et aimant. C'était l'époque où la longue histoire de *Clarisse* faisait verser des torrents de larmes, et Adam Smith ne se cachait pas de préférer la tendre mélancolie de Richardson à la froide insensibilité des stoïciens [1]. Sans doute, l'ouvrage était médiocrement distribué, manquant d'unité de composition : on pourrait d'ailleurs en dire autant de *la Richesse des nations* (1776). Mais il y avait à travers ce désordre, au cours de cette systématisation contestable, bien des pages capables de faire penser et de faire sentir. Cela ne vaut-il pas mieux que la rigueur apparente des théories habilement construites ?

La doctrine qu'on prétend tirer de cette analyse des sentiments moraux repose sur un principe unique : la sympathie d'un spectateur impartial et désintéressé. « Tous ces sentiments supposent l'idée d'un être semblable à nous, d'un être qui est le juge naturel de ces sentiments mêmes ; et ce n'est que par sympathie pour les décisions de ce juge de notre conduite que nous éprouvons la joie de l'approbation intérieure, et la honte de nous condamner nous-mêmes [2]. » Anciens et modernes ont vainement cherché dans leurs systèmes « une règle sûre et précise d'après laquelle on puisse juger de la convenance ou de l'inconvenance de l'affection qui nous porte à agir. Cette règle précise ne peut se trouver que

---

1. *Théorie des sentiments moraux*, p. 100.
2. *Idem*, p. 222.

dans les sentiments sympathiques d'un spectateur qu'on suppose impartial et éclairé [1] ».

Ainsi le fondement du devoir est hors de nous, soit que nous partagions le bonheur ou le malheur des autres par les vertus douces, aimables et compatissantes, soit que nous nous maîtrisions nous-mêmes par la prudence, la tempérance, le courage, afin de mériter la sympathie du prochain. La première règle de la morale est de réprimer notre égoïsme désordonné et d'aimer les hommes. « Sentir beaucoup pour les autres et peu pour nous-mêmes, réduire le plus possible l'amour de soi et nous abandonner à toutes les affections douces et bienveillantes, constitue la perfection à laquelle notre nature peut atteindre... La première maxime du christianisme est d'aimer les autres comme nous-mêmes ; et le plus grand précepte de la nature est de ne nous aimer que comme nous aimons nos semblables, ou, ce qui revient au même, comme nos semblables sont capables de nous aimer [2]. — L'homme le plus vertueux, l'homme que nous aimons et révérons davantage, est celui qui joint à l'empire le plus étendu sur ses passions et sur son amour-propre la sensibilité la plus exquise pour tout ce qui intéresse et affecte les autres [3]. »

On a donné au système d'Adam Smith le nom

1. *Théorie des sentiments moraux*, p. 343.
2. *Idem*, p. 21.
3. *Idem*, p. 171.

de morale de la sympathie. On pourrait l'appeler plus justement encore la morale du spectateur impartial et désintéressé. A tout instant on le fait intervenir. C'est qu'en réalité la conscience nous met sans cesse en face d'un témoin invisible, qui nous observe et dont l'approbation nous est nécessaire pour avoir l'âme en paix. Mais qu'est-ce donc que ce juge idéal, si ce n'est la raison, ou plutôt le Dieu dont la raison démontre l'existence ? Voilà le spectateur que nous sentons le besoin de contenter, le mystérieux ami dont notre cœur sollicite la sympathie, auprès duquel il aspire à se reposer. On revient alors tout simplement à cette règle de morale pratique que les directeurs chrétiens rappellent souvent, en disant qu'il faut vivre toujours en la présence de Dieu.

Ajoutez qu'il est bon aussi de se mettre en présence d'autres témoins dont l'imagination nous retrace plus facilement et plus vivement l'image. L'un des plus sûrs moyens de vivre haut et de garder son cœur vaillant, c'est de se placer intérieurement sous le regard d'une mère, d'un père d'une fiancée, ou même sous le regard lointain des morts bien-aimés. N'agissons-nous pas ainsi tout naturellement ? Quand quelqu'un nous tient au cœur, nous en faisons d'instinct le spectateur de notre vie ; nous lui rapportons tout, joies et douleurs, rêves et souvenirs. Sa chère vision est sans cesse présente et sa sympathie supposée nous donne de grands bonheurs. Nous savons mieux alors comprendre et aimer. Cela peut n'être qu'un songe, discret et doux, où il entre plus d'imagination que de raison. Qu'importe, après tout, si ce songe fragile a rendu pendant quelque temps l'âme plus forte et plus tendre ?

La doctrine d'Adam Smith avait encore un mérite. Elle était une protestation généreuse contre des conceptions moins élevées de la morale. Elle faisait du devoir autre chose qu'un calcul d'intérêt personnel et montrait dans la nature humaine autre chose qu'un égoïsme conscient ou non. Elle donnait au droit un fondement plus ferme que les lois positives. Hobbes avait exposé avec une rare franchise la théorie de la souveraineté de l'État. Pas de règle supérieure, protectrice des activités individuelles ; pas de distinction absolue entre le juste et l'injuste ; tout dépend de l'autorité publique : la conscience n'a pas de droits contre la puissance civile [1]. L'école écossaise répondait par une théorie tout opposée. Elle faisait dériver la notion du bien et du mal d'un sentiment intérieur, primitif, irréductible, antérieur à toute loi et à toute institution positive. Elle ne présentait pas la vertu comme une prescription de police. Elle croyait l'homme capable d'aimer et elle faisait appel à son cœur.

Mais le sentiment est un maître capricieux et

---

[1]. *Théorie des sentiments moraux*, p. 374.

fantasque. Adam Smith le sait bien. Voilà pourquoi il a perpétuellement recours au spectateur impartial et désintéressé. Puis il montre combien il est utile de s'appuyer sur des maximes générales, déduites des observations et des expériences particulières. Ces règles fixes, qui revêtent un caractère impersonnel, lui paraissent indispensables pour diriger nos jugements, « qui seraient très incertains et très variables, s'ils dépendaient uniquement de notre manière de sentir, si facile elle-même à altérer, et si étroitement liée avec notre santé et notre caractère [1] ».

Il aurait fallu aller jusqu'au bout, et demander à la raison le principe même de l'obligation. Poser cette distinction entre la conscience et la raison, distinction qui va être reprise et développée par Kant, c'est ouvrir la porte au scepticisme, qui ne la laissera pas entrebâillée. Si la morale n'est qu'une étude des conditions dans lesquelles s'exerce notre activité, des conséquences indéfinies et généralement inaperçues de notre conduite, des moyens pratiques d'exercer et de fortifier notre volonté, elle peut se passer de métaphysique. Mais si on lui demande de dire quelle autorité supérieure nous impose le devoir d'agir et de tendre vers le mieux, elle ne saurait être complète sans recourir à l'idée de Dieu, c'est-à-dire aux derniers résultats fournis par

---

1. *Théorie des sentiments moraux*, p. 376.

les analyses et les inductions de la raison.

L'Angleterre n'admira pas seule la *Théorie des sentiments moraux*. Le duc de la Rochefoucauld, beaucoup moins pessimiste que son illustre aïeul, entreprit d'en donner une traduction française, comme il devait entreprendre la traduction de *la Richesse des nations*, sans mener à terme ni l'une, ni l'autre. Et Adam Smith reconnaissant supprima de son livre le nom de l'auteur des *Maximes*, dont il avait médit dans sa première édition. Condorcet lui aussi se proposa de présenter le philosophe anglais au public français. Il avait promis un volume de notes pour *la Richesse des nations* traduite par le poète Roucher. Il ne put tenir sa promesse. Mais sa veuve, la marquise de Condorcet, née Grouchy, donna, en 1798, une traduction agréable de la *Théorie des sentiments moraux*. C'était la troisième qui paraissait en France. Elle était suivie de *Lettres sur la sympathie* qui étaient adressées à Cabanis et qui portaient la marque très sensible de l'influence de Rousseau. Partout en effet la morale du cœur était en honneur, plus exaltée chez l'auteur de *la Nouvelle Héloïse*, plus pratique chez les Écossais. En Allemagne, elle prendra un caractère métaphysique.

CHAPITRE III

FRÉDÉRIC-HENRI JACOBI (1743-1819)

On a dit que Rousseau était une « nature éminemment germanique par le sérieux, par la sincérité, par le *gemüth*, par le sentiment moral et le sentiment de la nature [1] ». Toujours est-il qu'il fut la passion du public et exerça une influence extraordinaire de l'autre côté du Rhin. N'en découvre-t-on pas la trace chez le plus grand poète et chez le plus grand philosophe de l'Allemagne moderne, chez Gœthe et chez Kant ?

Le singulier état d'âme de Werther est celui que la lecture de Rousseau devait produire chez la jeunesse rêveuse. On y trouve tout ce qui caractérise le maître du romantisme, la sensibilité exaltée, inquiète et fière d'elle-même, la contemplation du moi, les aspirations orgueilleuses, la faiblesse de la volonté, mais aussi un sentiment très vif de la beauté des choses et de la misère humaine. Dans la sérénité de son puissant

---

1. A. Leroy-Beaulieu, *Revue des Deux-Mondes*, 15 juin 1880.

génie, Gœthe ne fut pas sans doute atteint bien profondément par la maladie du siècle, mais il a, du moins, su la peindre.

Kant avouait qu'aucun livre ne l'avait aussi vivement intéressé que *l'Émile* et se félicitait hautement d'avoir connu les doctrines de Rousseau [1]. Il partageait l'admiration qu'on professait dans la société lettrée de Kœnigsberg pour l'adversaire des Encyclopédistes. N'est-elle pas d'un disciple du Vicaire savoyard cette idée hardie de sacrifier la métaphysique pour sauver la vertu, de contester l'autorité de la raison spéculative et de se confier aux révélations de la conscience, d'échapper à l'athéisme et au scepticisme par la foi morale? Tout ce qu'il y a de sain dans la philosophie de Rousseau semble éloquemment résumé par cette phrase de Kant : « Deux choses remplissent l'âme d'une admiration et d'un respect toujours renaissants, et qui s'accroissent à mesure que la pensée y revient plus souvent et s'y applique davantage : le ciel étoilé au-dessus de nous, la loi morale au dedans de nous [2]. » On a pu soutenir que « Kant n'est à beaucoup d'égards qu'un Rousseau scolastique et stoïcien [3] ».

Mais Gœthe et Kant eurent un ami qui s'attacha beaucoup plus étroitement aux idées du pen-

---

1. Lévy Bruhl, *Annales de l'Ecole des sciences politiques*, 15 juillet 1887.
2. *Critique de la Raison pratique*, conclusion.
3. *Revue philosophique*, août 1887, p. 188.

seur genevois, et qui en tira, par une élaboration personnelle, une sorte de réalisme spiritualiste : c'était Frédéric-Henri Jacobi.

I

Voici comment Mme de Staël le présentait en 1810 au public français. « Il est difficile, disait-elle [1], de rencontrer, dans aucun pays, un homme de lettres d'une nature plus distinguée que celle de Jacobi ; avec tous les avantages de la fortune, il s'est voué depuis sa jeunesse, depuis quarante années, à la méditation. La philosophie est d'ordinaire une consolation ou un asile ; mais celui qui la choisit, quand toutes les circonstances lui promettent de grands succès dans le monde, n'en est que plus digne de respect. Entraîné par son caractère à reconnaître la puissance du sentiment, Jacobi s'est occupé des idées abstraites, surtout pour montrer leur insuffisance. Ses écrits sur la métaphysique sont très estimés en Allemagne ; cependant, c'est surtout comme grand moraliste que sa réputation est universelle. »

C'était une âme naturellement sensible et poé-

---

[1]. De l'Allemagne, l. III, chap. xvi.

tique. Les premiers ouvrages de ce philosophe furent des romans, philosophiques, il est vrai. Il ne se fit auteur que fort tard, et sur les instances de Gœthe. Les affaires, auxquelles on le destinait, ne lui convenaient guère. Adolescent, il passa trois ans à Genève, pour faire son apprentissage commercial ; mais il apprit surtout à goûter Rousseau et à rêver philosophie. Il revint dans son pays et fut mis à la tête d'une maison de commerce. L'électeur palatin lui offrit fort à propos une place de conseiller des finances pour les duchés de Berg et de Juliers, ce qui lui permit de quitter le comptoir. Il eut ainsi le loisir de s'occuper de littérature et des choses de l'âme. Il s'intéressait aux questions d'utilité générale et d'économie politique. Il aimait la vie de la campagne dans son beau domaine de Pempelfort, près de Düsseldorf, et il y recevait des amis d'élite. Les guerres de la Révolution l'envoyèrent passer une dizaine d'années dans l'Allemagne du Nord. Enfin il s'établit à Munich, écrivit un traité *Des choses divines* (1811), revit l'ensemble de ses œuvres, et termina tranquillement sa vie, à soixante-seize ans, en 1819.

Il s'était affilié, dans sa première jeunesse, à une société de piétistes. Il n'avait que huit ans quand un jour l'idée de l'éternité lui fit une impression si profonde qu'il en perdit connaissance. Et dans la suite il pouvait, raconte-t-il, rappeler à volonté cette vision troublante. Ce degré tout à fait exceptionnel de sensibilité morale caractérise un tempérament. Il disait de lui-même : « Je suis un mystique, et le mysticisme n'est pas un système dogmatique, mais bien un état naturel de l'âme [1]. »

On devine facilement quelles tendances philosophiques durent prévaloir chez un esprit ainsi disposé, en Allemagne, au déclin du XVIIIe siècle. Il était froissé, révolté du matérialisme dogmatique et insupportable d'un Helvétius, d'un d'Holbach. Il partagea quelque temps l'admiration de Gœthe pour Spinoza. Ce qu'il aimait sans doute chez le maître du panthéisme, c'était cette logique qui pousse ses déductions jusqu'au bout, cette liaison étroite qui fait du tout une mystérieuse unité, cette sorte de présence réelle de Dieu en toutes choses et surtout en nous-mêmes. Mais il devait répugner au fatalisme qu'implique une pareille doctrine et il devint vite l'un de ses adversaires les plus déterminés. Entre les deux idées directrices qui agissaient alors sur les esprits et que Kant prétendait concilier, le scepticisme métaphysique et la foi morale, il choisit la seconde et s'y attacha résolûment. De là son christianisme libre et mystique, qui se réclame de Pascal et de Fénelon. De là son système philosophique.

« Depuis que je pense par moi-même, écri-

---

1. *Lettre à Stolberg.*

vait Jacobi en 1803 [1], je n'ai cessé de rechercher la vérité de toutes mes facultés ; mais je ne l'ai jamais recherchée pour le vain plaisir de m'en parer comme de quelque chose que j'eusse découvert ou produit : j'aspirais à une vérité qui ne fût pas ma création, mais dont je fusse moi-même la créature, qui éclairât la nuit dont j'étais environné, et qui m'apportât la lumière dont j'avais en moi la promesse et le pressentiment. Il ne m'est pas donné de me vanter de cette indifférence quant aux résultats de mes recherches, de cette curiosité *pure* qui, selon les grands hommes de notre temps, constitue l'esprit philosophique. »

Peu de temps avant de mourir, il précisait encore le caractère de ses travaux dans un écrit qu'il n'eut pas le temps d'achever lui-même et qui est comme son testament de penseur. « Je n'ai jamais philosophé, disait-il [2], sans intention : je voulais m'entendre avec moi-même sur la réalité de ce Dieu *inconnu*, vers qui me portait un sentiment inné en moi. » Il faut aimer la vérité pour la trouver. Or, « qu'est-ce qu'aimer la vérité ? Est-ce rechercher quelque chose qui soit étranger à l'homme ou qui puisse menacer son existence spirituelle ?... Tous les hommes appellent d'avance vérité quelque chose à quoi ils aspirent, et qu'ils ne pourraient

---

1. *Lettre à Frédéric Kœppen.*
2. Préface du tome IV des *Œuvres*, écrite en 1819.

supposer s'il ne leur était présent de quelque manière. Un crépuscule leur ouvre les yeux et leur annonce un soleil qui va se lever ; le matin a commencé, le jour va naître. » Nous pressentons qu'il y a quelque chose derrière la nature. « La science tend au surnaturel. »

Une science orgueilleuse, toute de raisonnement, nous écarte de la lumière au lieu de nous y conduire. Elle « s'égale à Dieu ; elle prétend produire son objet et créer sa vérité ». Parce qu'elle méconnaît notre condition, et refuse de suivre la clarté intérieure que nous n'avons pas faite, elle nous aveugle. « Ouvrage de la réflexion, elle rejette tout savoir primitif. » Faut-il s'étonner que cette méthode soit stérile ? « La conscience que l'esprit a immédiatement de lui-même et de Dieu est le fondement de toute philosophie qui veut être autre chose que de la physique et de la logique. »

A ceux qui contesteraient l'autorité de ce sens des choses spirituelles Jacobi répondrait que notre certitude repose toujours, en dernière analyse, sur la foi au sentiment. Nous nous appuyons sur des perceptions intérieures ou extérieures ; nous croyons à la réalité de leur objet ; mais nous n'avons aucun moyen de la prouver victorieusement contre l'idéalisme.

Il faut commencer par accepter l'autorité de l'expérience. Tout vient d'elle ; on se perd dans le vide quand on la quitte. Les perceptions sont les matériaux de la raison. « La sensibilité la plus pure et la plus riche a pour conséquence la plus pure et la plus riche raison [1]. » La raison n'est guère que la spontanéité de la conscience. Les spéculatifs qui lui demandent de tirer d'elle-même la vérité font une œuvre tout à fait stérile et vaine. « Celui à qui ses idées et les idées de ses idées font perdre de vue la réalité commence à rêver. L'homme peut former des abstractions, et leur donner une sorte d'existence en leur imposant des noms. Mais ces créations n'ont rien de commun avec celles qu'évoqua du néant la parole de l'Éternel. En nous attachant à ces fantômes, nous nous éloignons de la source de toute vérité, nous perdons Dieu, la nature, nous nous perdons nous-mêmes. »

L'expérience en effet ne nous donne pas seulement les notions d'unité, de pluralité, de temps et d'espace : elle nous révèle encore, par notre sens intime, une cause libre et, par suite, responsable. En même temps nous apercevons que nous ne nous sommes pas faits, que quelque chose nous dépasse et s'impose à nous. Ce qui distingue l'homme, a dit excellemment Aristote, c'est la faculté de reconnaître au-dessus de lui quelque chose de plus grand, de meilleur.

« On croit en Dieu, non à cause de la nature, qui le cache, mais à cause de ce qu'il y a dans

---

[1]. Voir le dialogue intitulé *David Hume*, ou *Idéalisme et Réalisme*.

l'homme de supérieur à la nature. La nature cache Dieu, parce qu'elle ne montre qu'un enchaînement nécessaire, qui exclut à la fois la providence et le hasard. L'homme révèle Dieu, parce qu'il sait par l'esprit s'élever au-dessus d'elle. Celui qui croit à cette faculté supérieure de l'esprit croit en Dieu, le sent, l'éprouve; celui qui ne croit pas à cette même puissance de l'homme ne voit partout que nature, destin, nécessité. » Telle est la conclusion du traité *Des choses divines,* qui a pour épigraphe cette pensée de Pascal : « Les vérités divines sont infiniment au-dessus de la nature ; Dieu seul peut les mettre dans l'âme. Il a voulu qu'elles entrent du cœur dans l'esprit, et non de l'esprit dans le cœur. S'il faut connaître les choses humaines pour les aimer, il faut aimer les choses divines pour pouvoir les connaître. »

On trouverait l'exposé d'une philosophie très voisine de celle-là chez un homme d'État français qui vécut à la même époque, Portalis. Au temps du Directoire, il rencontra Jacobi en Allemagne, et le trouva « aimable comme un Français homme du monde, profond comme un philosophe allemand ». Il subit son influence, sans renier Locke ni Condillac.

Portalis écrit : « Partons toujours de l'expérience, et n'allons jamais au delà, voilà toute la philosophie [1]. » Et Jacobi : « Toute notre con-

---

[1]. *De l'usage et de l'abus de l'esprit philosophique au* XVIIIe *siècle,* tome I, p. 218.

naissance repose sur l'observation. Les idées dites *a priori* même sont positives et immédiatement tirées de la réalité, ainsi que les notions générales. Toutes les opérations de la raison résultent de la faculté de percevoir qui en est l'essence [1]. »

Pour Jacobi, « aimer, c'est vivre réellement [2]. Quiconque sait s'élever par l'esprit au-dessus de la nature, et par le cœur au-dessus de tout sentiment bas, voit Dieu face à face... Le seul vrai culte est celui qui s'adresse immédiatement à Dieu, au Dieu présent partout, au Dieu vivant [3] ». — « Gardons-nous, dit Portalis, de chercher à nous rendre insensibles sous le vain prétexte de nous rendre meilleurs! Exister pour nous, c'est sentir... L'homme moral n'est qu'amour... La religion n'est que Dieu rendu sensible à toutes les affections du cœur [4]. »

On pourrait multiplier les rapprochements entre ces deux philosophes, hommes du monde. Le spiritualisme expérimental de l'un se confond bien souvent avec le réalisme spiritualiste de l'autre.

---

1. *David Hume,* ou *Idéalisme ou Réalisme.*
2. *Lettre 118* à Lavater.
3. *Epître à Fichte.*
4. *De l'usage et de l'abus de l'esprit philosophique,* II, 78, 82.

II

Le système de Jacobi est facile à critiquer : il présente des erreurs et des inexactitudes fort apparentes. — Prétendre que nous percevons Dieu, c'est aller bien au delà de l'expérience, et ouvrir la porte à un mysticisme extravagant, à moins qu'il ne faille voir dans cette affirmation qu'une sorte de métaphore poétique. — Puis il y a parfois chez cet admirateur de Rousseau trop d'emportement, de déclamation et de vague. Les mots changent de sens avec une déplorable facilité, et cette incertitude flottante, qui peut plaire aux rêveurs, ne convient guère aux savants. — Mais il faut essayer de comprendre les idées, sans trop disputer sur les mots. On doit appliquer à ce chercheur sincère la belle règle de critique qu'il a lui-même formulée : « Il lui importait, disait-il [1], toutes les fois qu'il était en désaccord avec quelque esprit distingué, non de trouver absurde l'opinion opposée à la sienne, mais de la rendre raisonnable, c'est-à-dire de l'expliquer. C'était pour lui le seul moyen de s'assurer s'il l'avait bien saisie. »

Il y a au fond du débat une question d'une

---

1. *David Hume* ou *Idéalisme et Réalisme.*

importance décisive. Il faut savoir si le philosophe doit oublier qu'il est homme et imposer silence à son cœur, si la philosophie cesse d'être scientifique, alors qu'elle s'inquiète de la morale.

Dès que vous n'avez pas pour objet exclusif la recherche de la vérité, il ne s'agit plus de philosophie, diront les adversaires de Jacobi. Vous cultivez une littérature plus ou moins bienfaisante, mais qui n'a aucun rapport avec la science. La science, elle, dans son indépendance souveraine, entend être séparée de la poésie et de la morale pratique, comme elle a été séparée de la religion. « Un philosophe, dit M. Taine [1], n'est pas un fournisseur du public chargé de fabriquer des systèmes selon les caprices de son pays. Qu'il prouve, et sa tâche est faite. Tant pis pour la sensibilité des hommes si elle ne sait pas s'accommoder des faits prouvés. » La science ne saurait être la servante de nos fantaisies. « Elle ne s'attache qu'au vrai... Elle est à mille lieues au-dessus de la pratique et de la vie active... Affirmer qu'une doctrine est vraie parce qu'elle est utile ou belle, c'est la ranger parmi les machines de gouvernement ou parmi les inventions de la poésie. » Est-ce qu'un rêve devient une réalité parce qu'il est agréable et flatte nos

---

1. *Nouveaux essais de critique*, pp. 33, 32. — Voir aussi : *Les philosophes classiques*, chap. II, § 2, *Qu'il ne faut pas choisir les croyances d'après leur utilité*.

désirs? Pour observer froidement les faits, il faut se défier du sentiment et redouter l'enthousiasme. Quelle certitude appuyer sur ces impressions complexes et mobiles qu'on appelle des émotions? En avons-nous établi la genèse? Jacobi lui-même fait prendre pour devise à *Woldemar*, tout à la fin du roman, cette sage maxime : Insensé est celui qui se fie à son cœur! Quelle autorité veut-on que nous reconnaissions à ses inspirations? Les prétendues expériences du sens intime se prêtent aux plus folles extravagances. Voilà un étrange critérium du vrai.

On pourrait répondre que Jacobi laisse malgré tout entrevoir une idée juste et féconde. C'est que la philosophie, ayant pour objet essentiel la manière dont nous devons concevoir le principe des choses et notre propre destinée, ne saurait faire abstraction de l'homme lui-même. Elle trouve l'un de ses principaux éléments d'information dans cet être moral que chacun de nous porte en soi et peut observer. Cette étude est toute différente de celles où l'on se cantonne quand on fait de la physique ou de la chimie. Là on peut oublier qu'on est homme; non pas en philosophie. Un philosophe a non seulement le droit, mais le devoir d'écouter la conscience, de tenir grand compte de son existence. Sinon, il ne pourra nous offrir qu'une conception incomplète et mutilée du monde qui tombe sous nos prises.

Qu'on ne reproche pas à cette méthode d'être toute subjective et nullement scientifique. La faculté que nous avons de connaître est toujours la même, qu'on l'appelle intelligence, raison ou sentiment. Et quant à vérifier cette faculté même, c'est une entreprise très chimérique et vaine. Nous n'avons qu'elle. S'en servir le mieux qu'on peut, voilà toute la science et l'humble sagesse humaine. Pourquoi donc exclure l'âme vivante du champ de ses observations? Sans doute celles-ci sont alors particulièrement délicates. Mais nous ne pouvons négliger cet être, supérieur à la matière, dont nous avons conscience en nous-mêmes. Nous pénétrons par l'expérience de l'âme dans le monde des causes et des réalités suprasensibles.

Ces idées, qu'on peut dégager de l'œuvre de Jacobi, se rattachent à ce réalisme spiritualiste, qui, largement entendu, doit être considéré comme la grande tradition philosophique de notre civilisation. On le retrouve dans la doctrine d'Aristote, que St Thomas a reprise et développée au moyen âge. N'est-ce pas vers lui que s'acheminent tous ceux qui, se refusant à expliquer l'âme par la nature, expliquent la nature et l'âme par Dieu? N'est-il pas nettement professé par les spiritualistes originaux de notre siècle, par Maine de Biran, par le Père Gratry, et par l'une des intelligences les plus hautes et les plus sereines de ce temps, M. Ravaisson ?

CHAPITRE IV

MADAME DE STAËL (1766-1817)

Peu de temps avant de mourir, en 1817, Mme de Staël disait à Chateaubriand : « J'ai toujours été la même, vive et triste ; j'ai aimé Dieu, mon père et la liberté. » Elle semblait vouloir en ces quelques mots résumer toute son existence. Mais ce qui l'aurait fait connaître beaucoup mieux, c'est le livre qu'elle projetait de composer sous ce titre : *Éducation du cœur par la vie.* « L'éducation de la vie, a-t-elle écrit [1], déprave les hommes légers et perfectionne ceux qui réfléchissent. »

On sait à quelles conclusions cette grande expérience conduisit Mme de Staël. Elle fut l'un des esprits les plus actifs et les plus ouverts de ce siècle, l'une des âmes les plus vivantes et les plus sincères dans lesquelles se soient épanouis ses beaux rêves de jeunesse. Or, elle est arrivée, par un progrès constant, à une doctrine

---

1. *De l'Allemagne*, 2ᵉ partie, ch. XVII.

très élevée de perfectionnement intérieur et de dévouement. Tout l'y a conduite : la littérature, la politique, les souffrances et les devoirs de la vie. Elle y a rencontré la conclusion naturelle de ses meilleures aspirations. Il lui semblait découvrir la source d'où lui était venu tout ce qu'elle avait recherché de vivifiant. Et à mesure que cette philosophie s'est affermie, épurée, elle s'est trouvée de plus en plus chrétienne.

I

Dans le premier ouvrage qu'ait publié Mme de Staël, les *Lettres sur les écrits et le caractère de Jean-Jacques Rousseau* (1788), on peut pressentir déjà ce qu'il y aura d'original et de fécond dans son œuvre littéraire.

Bien que sa sensibilité ait été exaltée dès l'enfance par une culture trop hâtive, bien qu'elle admire passionnément l'auteur de *la Nouvelle Héloïse*, elle n'a pas l'enthousiasme aveugle. Elle n'ignore pas les défaillances de son héros : elle résiste à ses sophismes en matière d'éducation et de politique. Mais elle ne s'arrête pas à la surface, comme la critique simplement littéraire ou purement négative : elle découvre dans Rousseau quelque chose de profond qui a provoqué une sorte de renaissance de la vie du cœur. Elle l'aime parce qu'il « agit sur l'âme et remonte ainsi à la première source ». Elle a soif de sérieux et de sincérité dans l'art.

De là son intelligence de l'histoire littéraire. Elle renouvelle la critique : elle y met déjà, du moins en germe, ce que nous lui demandons aujourd'hui de science et de psychologie. Elle aperçoit que tout se tient dans l'œuvre humaine, et que tout tient à l'âme, l'art surtout. Par suite, c'est quelque chose de grave, de très complexe et de vivant ; c'est quelque chose qui se modifie et qu'on ne peut prétendre enfermer dans l'immobilité d'un type uniforme et mort. Avec cette ouverture d'esprit, avec cette sympathie large et profonde, on est prêt à aborder, d'une confiante ardeur, l'étude des littératures anciennes et des littératures étrangères. On comprendra et l'on saura mettre à profit tout ce qui peut enrichir notre trésor d'idées et de sentiments.

Mme de Staël publie, en avril 1800, le premier de ses grands ouvrages : le titre même en indique l'idée dominante et la haute portée : *De la littérature considérée dans ses rapports avec les institutions sociales.* Elle connaît assez bien les anciens, et les admire, mais à la condition qu'on ne prétende pas les imposer à l'imitation servile de la littérature contemporaine, comme si l'on pouvait revenir au temps où ils vivaient. Elle est moderne : elle comprend comment notre civilisation très complexe s'est diversifiée en nations multiples, et quelle variété de culture doit en résulter. Elle relève le moyen âge de l'injuste dédain que professaient les beaux esprits du xviii° siècle, et elle lui est reconnaissante du travail secret qui a préparé les temps modernes. Elle sait combien l'âme humaine a été élargie et perfectionnée par le christianisme, et, comme elle croit à la connexion intime de toutes nos facultés, elle y voit un élément de progrès non seulement pour la métaphysique et la morale, mais encore pour l'art et les sciences. Elle a une belle confiance dans l'avenir et y cherche un refuge contre les tristesses du présent. Elle s'attache à la notion de la perfectibilité de l'espèce humaine comme à la meilleure raison de vivre. Elle peut agir sur ses contemporains parce qu'elle les aime, parce qu'elle sent profondément tout ce qui germe en eux de grand et de généreux.

Le livre *De l'Allemagne*, saisi par la police impériale en 1810 et dans lequel le génie de Mme de Staël atteint sa pleine maturité, montre encore mieux comment la littérature est liée à l'état social et à l'état d'âme. On y aperçoit les éléments très complexes qui font à une nation son caractère propre, le lieu, la race, l'histoire, les institutions, les mœurs, les souvenirs et les espérances. Voilà de quoi décourager toute tentative d'imitation factice. Mais on peut élargir et renouveler le génie national en l'initiant aux idées et aux sentiments d'un peuple étranger. Ce que Mme de Staël aime dans l'Allemagne et ce dont elle voudrait hâter le développement en France, c'est le sérieux, la gravité, un mélange de recueillement et d'imagination, la profondeur de la pensée philosophique, le respect de la conscience morale, de nos sentiments les plus intimes et les meilleurs, une poésie plus intérieure que celle des anciens, « la poésie de l'âme [1], » et de l'âme agrandie par le christianisme. Cette littérature romantique est d'ailleurs infiniment moins éloignée de nous que celle des Grecs et des Romains. Elle a « ses racines dans notre propre sol; elle est la seule qui puisse croître et se vivifier de nouveau; elle exprime notre religion; elle rappelle notre histoire [2] ». Pourquoi avoir oublié la poésie de nos trouvères et de nos troubadours? « C'était peut-être à cette source que nous devions puiser une littérature vraiment nationale... Il n'est point de pays où les chrétiens aient été de plus nobles chevaliers et les chevaliers de meilleurs chrétiens qu'en France [3]. » Quant aux poètes lyriques, nous en avons d'excellents : « Ce sont nos grands prosateurs, Bossuet, Pascal, Fénelon, Buffon, Jean-Jacques [4]. » Ainsi, dans sa large critique, l'auteur de *L'Allemagne* ne méconnaît pas notre génie national ;

1. 1re partie, chap. II.
2. 2e partie, chap. XI.
3. 1re partie, chap. IV.
4. 2e partie, chap. IX.

mais elle lui indique les sources auxquelles il pourrait puiser une vie nouvelle.

Pour comprendre ce que Mme de Staël a toujours cherché dans l'art, il faut se rappeler encore *Delphine* et *Corinne*. Le roman, qui suppose à la fois un moraliste et un poète, est le genre qui lui convient le mieux pour exprimer sa large sympathie, sa pitié ardente, pour donner carrière à sa puissance d'observation. Elle craint avant tout la pauvreté de l'esprit et du cœur. Et les fictions, légères en apparence, lui paraissent avoir une vertu sérieuse, bienfaisante, si elles nous arrachent pour un instant à notre égoïsme habituel et à nos étroites pensées. Ces deux histoires sentimentales, tant admirées dans les premières années de ce siècle, paraissent aujourd'hui un peu longues à lire. Mais on y trouve, comme dans tous les ouvrages de Mme de Staël, beaucoup de mots et d'idées, que développeront les grands poètes qui vont venir. On sent tout ce que nous devons à cette âme très vivante. Dans ses *Réflexions sur le but moral de Delphine*, elle a bien indiqué la haute moralité qu'elle rêve pour le roman. Elle s'attaque à cette espèce malfaisante et toujours prospère de gens médiocres qui ne connaissent d'autre principe que la morale factice du monde, qui sont durs aux faibles et très humbles devant les puissants, qui poursuivent de leurs plaisanteries mesquines, de leurs insinuations perfides tous les sentiments généreux et profonds, qui n'estiment que l'argent et les jouissances qu'il procure. Rien de ce qui peut combattre cet égoïsme desséchant n'est à mépriser. « La puissance d'aimer est la source de ce que tous les hommes ont fait de noble, de pur et de désintéressé sur cette terre. Je crois donc que les ouvrages qui développent cette puissance avec délicatesse et sensibilité font toujours plus de bien que de mal : presque tous les vices humains supposent de la dureté dans l'âme [1]. » Le roman peut éveiller l'intelligence des aspirations et des souffrances humaines, la pitié, la bonté, principe de tout bien. D'ordinaire, « les hommes ne savent pas le mal qu'ils font[2], » et ils jugent les autres injustement. Mais « comprendre rend très indulgent, et sentir profondément inspire une grande bonté [3] ».

Cette haute conception du rôle de l'art ne supprime pas son autonomie. « Rien ne nuit à la beauté d'une fiction comme une intention quelconque qui n'a pas cette beauté pour objet[4]. » Mais tout ce qui fait l'âme vivante et la détache de l'égoïsme la perfectionne. Ces joies désintéressées disposent à la vertu. « Il y a quelques rapports entre l'impression qu'elle produit sur nous et le sentiment que fait éprouver tout ce

---

1. *Réflexions sur le but moral de Delphine.* — Voir aussi l'*Essai sur les fictions.*
2. *Corinne*, dernier chapitre.
3. *Idem*, livre XVIII, chap. v.
4. *De l'Allemagne*, 2⁰ partie, chap. xvi.

qui est sublime soit dans les beaux-arts, soit dans la nature physique. Les proportions régulières des statues antiques, l'expression calme et pure de certains tableaux, l'harmonie de la musique, l'aspect d'un beau site dans une campagne féconde, nous transportent d'un enthousiasme qui n'est pas sans analogie avec l'admiration qu'inspire le spectacle des actions honnêtes [1]. — La poésie et les beaux-arts servent à développer dans l'homme ce bonheur d'illustre origine qui relève les cœurs abattus et met à la place de l'inquiète satiété de la vie le sentiment habituel de l'harmonie divine dont nous et la nature faisons partie [2]. »

II

« Vous aimez la liberté, écrivait Léonce à Delphine [3], comme la poésie, comme la religion, comme tout ce qui peut ennoblir et exalter l'humanité. » Voilà bien la pensée inspiratrice qui explique toute la politique de Mme de Staël, qui lui donne un caractère exceptionnel de pénétration et d'élévation.

---

1. *De la littérature*, discours préliminaire.
2. *De l'Allemagne*, 4e partie, chap. XII.
3. *Delphine*, 3e partie, l. XXXII.

Les convictions vers lesquelles tendait naturellement la fille de Necker s'affermirent dans son esprit et se précisèrent au contact de deux grandes expériences : la tyrannie sanguinaire des Jacobins et le pouvoir absolu de Napoléon.

Personne ne s'était associé avec plus d'enthousiasme que Mme de Staël aux généreuses espérances que fit naître la convocation des États généraux ; et la déception lui fut cruelle quand elle vit les partis sacrifier à leurs passions égoïstes et inintelligentes le véritable vœu de la France, l'établissement d'une monarchie limitée, d'un gouvernement représentatif. Elle observa de près les tragiques événements des tristes années qui suivirent. Elle quitta Paris pendant les massacres de Septembre, après avoir été menée à l'Hôtel-de-Ville, au milieu de la populace menaçante, et avoir été protégée par Manuel. Retirée à Coppet, elle n'oublia pas ses amis en danger, et réussit à en sauver plusieurs. Au mois d'août 1793, elle publia, sans nom d'auteur, son premier écrit politique : *Réflexions sur le procès de la Reine* : c'était un appel éloquent à la pitié et à la justice des Français. Mais tout cède alors au fanatisme politique dont les Jacobins ont su faire un terrible instrument de gouvernement. « Il réunit l'enthousiasme exalté qu'inspirent les abstractions métaphysiques aux fureurs trop réelles que les intérêts de fortune et d'ambition font naître chez tous les hommes ; c'est du dogme et du pillage[1]. — L'arbitraire, contre lequel la révolution devait être dirigée, avait acquis une nouvelle force par cette révolution même ; en vain prétendait-on tout faire pour le peuple : les révolutionnaires n'étaient plus que les prêtres d'un dieu Moloch, appelé l'intérêt de tous, qui demandait le sacrifice du bonheur de chacun[2]. » La tristesse profonde que ressentit Mme de Staël lui fut un stimulant pour rechercher, avec une douloureuse sollicitude, les causes multiples et lointaines qui avaient rendu possible cette tyrannie malfaisante ; mais elle l'avait vue de trop près, et elle s'inspirait de sentiments trop élevés pour l'excuser jamais au nom d'une irrésistible nécessité. « La philosophie commune, écrit-elle[3], se plaît à croire que tout ce qui est arrivé était inévitable ; mais à quoi serviraient donc la raison et la liberté de l'homme, si sa volonté n'avait pu prévenir ce que cette volonté a si visiblement accompli ? »

Après le 9 Thermidor, pendant cette période encore troublée où le pays manifesta la volonté de se ressaisir et les Jacobins le ferme propos de ne pas lâcher prise, Mme de Staël espéra un gouvernement libre et tempéré. Le Consulat et l'Empire lui inspirèrent pour Napoléon une haine qui s'explique par des motifs autrement sé-

---

1. *Réflexions sur la paix*, fin de 1794.
2. *Considérations sur la Révolution française*, 3e partie, ch. IV.
3. *Idem*, 2e partie, chap. VI.

rieux et profonds que des vanités ou des rancunes personnelles. Sans doute, il faut tenir compte, pour être juste, de l'état auquel le gouvernement des assemblées révolutionnaires avait réduit le pays : il ne faut pas oublier que, si Bonaparte fut égoïste et peu scrupuleux, les maîtres que l'on subissait depuis quelques années n'étaient pas plus respectueux des droits d'autrui et n'avaient en moins que le génie : il faut songer enfin que la France devait beaucoup pardonner à qui lui donnait tant de gloire. Mais Mme de Staël entendait s'attaquer au plus illustre de ces égoïstes implacables qui veulent réussir à tout prix dans la lutte pour la vie, et se jugent très forts parce qu'ils s'affranchissent, comme de préjugés vulgaires, des scrupules moraux et de la pitié. Voilà le type qu'elle voit en lui. Elle le montre ressemblant sous plusieurs rapports aux tyrans italiens du moyen-âge[1], ne croyant qu'à la force et au succès. « Il n'admettait pas même un moment qu'il pût hésiter à sacrifier les autres à lui, et ce que nous nommons la conscience ne lui a jamais paru que le nom poétique de la duperie[2]. » Sans doute il y a dans ce prodigieux génie « quelque chose d'énigmatique qui prolonge la curiosité... c'est un labyrinthe, mais un labyrinthe qui a un fil, l'égoïsme[3]. — Sa prospérité

---

1. *Considérations sur la Révolution*, 4e partie, chap. XVIII, et 5e partie, chap. XV.
2. *Idem*, 4e partie, chap. I.
3. *Idem*, 5e partie, chap. XV.

croissant toujours, il a fini par se faire le grand prêtre et l'idole de son propre culte [1]. — Il a souvent exprimé le regret de ne pas régner dans un pays où le monarque fût en même temps le chef de l'Église, comme en Angleterre et en Russie [2] ». Jamais homme n'a su multiplier plus habilement les liens de la dépendance [3]. Il avait un parfait mépris de ses semblables. « Il pardonnait plus volontiers un calcul égoïste qu'une opinion désintéressée. C'était par les mauvais côtés du cœur humain qu'il croyait pouvoir s'en emparer [4]. » De là le caractère précaire de son œuvre et le tort qu'il a fait au pays. « Un chef habile, à l'ouverture de ce siècle, aurait pu rendre la France heureuse et libre sans aucun effort, seulement avec quelques vertus. Napoléon est plus coupable encore pour le bien qu'il n'a pas fait que pour les maux dont on l'accuse [5]. »

Aucune de ces expériences n'était faite pour détacher Mme de Staël du régime représentatif, de cet idéal de gouvernement mixte, tempéré, que poursuivent tous les esprits sensés, et qui est également éloigné du despotisme monarchique et du despotisme démagogique. Elle aime pas-

1. *Considérations sur la Révolution*, 4º partie, chap. XVIII.
2. *Idem*, 4º partie, chap. VI.
3. *Idem*, 4º partie, chap. IV et XI.
4. *Idem*, 4º partie, chap. I.
5. *Idem*, 4º partie, ch. XII. — Ce qui tend à prouver que Mme de Staël a vu juste, c'est que M. Taine (*Le régime moderne*, t. I) porte à peu près le même jugement sur le caractère et l'œuvre de Napoléon.

sionnément la liberté politique parce qu'elle y voit un moyen d'éducation que rien ne remplace, un élément de perfectionnement pour la personne humaine. Les régimes tyranniques compriment et dépriment la vie : ils réagissent même sur les mœurs privées. « Le moyen le plus efficace de fonder la morale, ce sont les institutions politiques ; elles excitent l'émulation et forment la dignité du caractère [1]. » Si exagérée que puisse paraître cette confiance optimiste dans la vertu bienfaisante des luttes électorales et parlementaires, notez que le gouvernement du pays par ses élus est ici présenté comme un moyen, non pas comme un but suprême, comme un droit supérieur. « Dans l'étude des constitutions, il faut se proposer pour but le bonheur, et pour moyen la liberté... La nation qui n'aurait en vue que d'obtenir le dernier terme abstrait de la liberté métaphysique serait la nation la plus misérable [2]. » On voit que Mme de Staël est fort éloignée des principes de Rousseau : elle se rapproche de Montesquieu au XVIIIe siècle et des doctrinaires au XIXe.

Elle envisage la politique non pas comme l'application rigoureuse d'un dogme métaphysique, mais comme une science à peine constituée et très utile à développer. L'histoire, l'observation comparée des lois et des mœurs, les constatations

---

[1]. *Considérations sur la Révolution*, 4e partie, chap. XIII.
[2]. *De l'influence des passions*, introduction.

de la statistique en fourniront les éléments. « L'effet du gouvernement n'est pas incertain comme celui de l'éducation particulière, puisque les chances du hasard subsistent par rapport au caractère d'un homme, tandis que, dans la réunion d'un certain nombre les résultats sont toujours pareils [1]. — Les algébristes ne vous disent pas : Vous allez amener tel dé, mais ils calculent en combien de coups tel dé doit revenir. Il en serait de même des politiques; ils ne pourraient pas dire : Telle révolution arrivera tel jour, mais ils seraient assurés du retour des mêmes circonstances dans un temps donné, si les institutions restaient les mêmes [2]. »

La science politique peut nous renseigner sur quelques-unes des conséquences inévitables de nos actes : ce sera toujours à la morale qu'on demandera quel est le but de la vie et de la société, comment il faut entendre le bonheur et la grandeur de l'humanité. « Perfectionner l'administration, encourager la population par une sage économie politique, tel était l'objet des travaux des philosophes, principalement dans le dernier siècle. Cette manière d'employer son temps est fort respectable; mais dans l'échelle des pensées, la dignité de l'espèce humaine importe plus que son bonheur et surtout que son accroissement : multiplier les naissances sans ennoblir la desti-

---

1. *De l'influence des passions*, introduction.
2. *De la littérature*, 2º partie, chap. VI.

née, c'est préparer seulement une fête plus opulente à la mort[1]. » On ne doit jamais oublier quels sont les véritables biens qu'il faut préférer à tout. Personne n'a combattu avec plus de vigueur que Mme de Staël les sophismes de l'esprit de parti et de la raison d'État[2]. « Quand une fois l'on s'est dit qu'il faut sacrifier la morale à l'intérêt national, on est bien près de resserrer de jour en jour le sens du mot nation, et d'en faire d'abord ses partisans, puis ses amis, puis sa famille, qui n'est qu'un terme décent pour se déguiser soi-même[3]. »

On aperçoit facilement tout ce qu'il y a de sérieux et de pénétrant dans cette politique; mais elle suppose un certain détachement de soi. Le grand mal à redouter, ici comme partout ailleurs, c'est l'égoïsme.

III

Mme de Staël fut conduite par l'expérience de la vie privée à une conclusion toute semblable. Elle aperçut de plus en plus clairement que le

---

1. *De l'Allemagne*, 1re partie, chap. XIV.
2. Voir *De l'influence des passions*, section II, chap. VI. — *De l'Allemagne*, 3e partie, chap. XIII. — *Considérations sur la Révolution*, 3e partie, chap. XV.
3. *De l'Allemagne*, 3e partie, chap. XIII.

dévouement à quelque chose de meilleur et de plus grand que nous-mêmes peut seul élargir et ennoblir, comme il convient, notre pauvre existence.

Son âme s'élevait d'un mouvement laborieux et continu. Tout lui fut un instrument de perfectionnement : ses joies, ses douleurs, ses erreurs mêmes, parce qu'elle ne chercha jamais un lâche repos dans le scepticisme ou l'insensibilité, parce qu'elle ouvrit toujours son intelligence aux vérités entrevues et son cœur aux sentiments généreux, alors même qu'ils la faisaient souffrir. Elle était passionnément attachée à son père et quand elle le perdit, en 1803, elle ne tenta pas de se consoler par l'oubli. Elle médita plus profondément qu'elle ne l'avait encore fait sur le problème de la destinée humaine, et elle devint vraiment chrétienne. Elle connut la tristesse des vies unies sans amour profond; mais cela ne l'empêcha pas de croire à l'amour dans le mariage et de placer cette félicité domestique au-dessus de tout autre bien. « La gloire, disait-elle [1], ne saurait être pour une femme que le deuil éclatant du bonheur. » Elle tourna sa douleur en sympathie émue pour ceux qui souffrent, pour les femmes surtout auxquelles la société est si souvent dure et injuste. Elle s'occupa de ses enfants avec un tendre dévouement, sentant qu'il fallait, pour

---

1. *De l'Allemagne*, 3e partie, chap. xix.

les élever, se perfectionner sans cesse elle-même. « Elle a, dit Mᵐᵉ Necker de Saussure, subi l'action de la vie dans toute sa force et tiré de la vie même tout l'enseignement qu'elle peut donner. »

Quand Mᵐᵉ de Staël nous entretient *De l'influence des passions* (1797), on sent qu'elle parle de ce qu'elle connaît et que son cœur se trouble au nom de l'amour. Mais on aperçoit aussi qu'elle cherchera la paix et la joie non pas dans un égoïsme indifférent, mais au contraire dans un affranchissement plus complet de l'égoïsme. « C'est hors de soi, dit-elle, que sont les seules jouissances indéfinies. » Il lui semble que l'amour profond ne peut jamais éloigner véritablement de la vertu. « Tout est sacrifice, tout est oubli de soi dans le dévouement exalté de l'amour, et la personnalité seule avilit : tout est bonté, tout est pitié dans l'être qui sait aimer, et l'inhumanité seule bannit toute pitié du cœur de l'homme. — Dans quelque situation obscure ou destituée que le hasard nous ait jetés, la bonté peut étendre l'existence. » Elle permet de « vivre ailleurs que dans sa propre destinée ». Elle est « la vertu primitive ». Toutes les autres en dérivent. « Un seul sentiment peut servir de guide dans toutes les situations, peut s'appliquer à toutes les circonstances, c'est la pitié. »

Mais la morale qui est esquissée dans ces lignes apparaît pleinement développée dans les deux derniers ouvrages qu'ait publiés Mᵐᵉ de

Staël : le livre *De l'Allemagne* et les *Réflexions sur le suicide* (1813).

Son principe n'est pas une idée pure, invention arbitraire de la raison spéculative, pas plus qu'il ne saurait être ramené, comme le veut un parti pris systématique, aux lois ordinaires du monde physique. « Ni les systèmes matérialistes, ni les systèmes abstraits, ne peuvent donner une idée complète de la vertu [1]. » La faculté d'agir pour des motifs impersonnels, cette puissance d'aimer qui dépasse les biens sensibles est une réalité intérieure irréductible. Elle résiste à toutes les analyses qui prétendent la décomposer en une simple combinaison d'intérêts ou d'instincts. Cette lumière se manifeste à tous les esprits sains. Ce qu'il y a de profond en nous la révèle : elle se développe avec l'âme. Elle est en quelque sorte l'âme elle-même dans son mystère intime.

C'est le fondement de la vraie philosophie. Cette vie intérieure doit être tout à la fois respectée dans son principe, et dirigée dans son développement, par la réflexion, par les données que fournissent l'expérience et la conscience collective de l'humanité. Ce qui séduit Mme de Staël chez les penseurs d'outre-Rhin, c'est qu'ils regardent cette réalité « comme le fait primitif de l'âme, et la raison philosophique comme destinée seulement à rechercher la signification de

---

[1]. *De l'Allemagne*, 3º partie, chap. xv.

ce fait [1]. — Les moralistes allemands ont relevé le sentiment et l'enthousiasme des dédains d'une raison tyrannique, qui comptait comme une richesse tout ce qu'elle avait anéanti et mettait sur un lit de Procuste l'homme et la nature, afin d'en retrancher ce que la philosophie matérialiste ne pouvait comprendre [2]. »

Mme de Staël ne veut pas qu'on sépare la raison de l'amour. Elle reproche à Jacobi d'avoir fait une part trop large au sentiment personnel, dont l'exaltation orgueilleuse est un mauvais guide. Mais elle se défie également de la froide raison qui dessèche le cœur. Elle croit à l'enthousiasme, c'est-à-dire à la raison aimante.

« Le véritable enthousiasme doit faire partie de la raison, parce qu'il est la chaleur qui la développe. Peut-il exister une opposition entre deux qualités naturelles à l'âme et qui sont toutes deux les rayons d'un même foyer? Quand on dit que la raison est inconciliable avec l'enthousiasme, c'est parce qu'on met le calcul à la place de la raison, et la folie à la place de l'enthousiasme. Il y a de la raison dans l'enthousiasme et de l'enthousiasme dans la raison, toutes les fois que l'un et l'autre ont pris naissance dans la nature et qu'aucun mélange d'affectation n'en fait partie [3]. »

1. *De l'Allemagne*, 3ᵉ partie, chap. I.
2. *Idem*, 3ᵉ partie, chap. XIV.
3. *Réflexions sur le suicide*, 3ᵉ section.

Cette abdication de la personnalité, cette communion à l'harmonie universelle, n'est-elle pas le principe de la science et de la vertu ? « L'élévation de l'âme tend sans cesse à nous affranchir de ce qui est purement individuel afin de nous unir aux grandes vues du Créateur sur l'univers. Aimer et penser ne nous soulagent et ne nous exaltent qu'en nous arrachant aux impressions égoïstes [1]. » Or, cette œuvre d'affranchissement et de dévouement est accessible à tous, et peut se poursuivre même aux approches de la mort, même au déclin des vies qui semblent brisées. « Quand les épreuves de l'existence nous ont appris la vanité de nos propres forces et la toute-puissance de Dieu, il s'opère quelquefois dans l'âme une sorte de régénération dont la douceur est inexprimable [2]. » On peut faire en sorte « que le déclin de cette vie soit la jeunesse de l'autre. Se désintéresser de soi sans cesser de s'intéresser aux autres met quelque chose de divin dans l'âme [3]. »

On ne s'étonnera pas que l'idée de Dieu, et du Dieu des chrétiens, soit devenue de plus en plus chère à Mme de Staël. « Le sentiment religieux, disait-elle [4], consiste à se mettre en harmonie avec l'ordre universel, malgré l'esprit de rébellion

1. *Réflexions sur le suicide*, 3e section.
2. *Idem*, 2e section.
3. *Lettre à Meister*, 25 mai 1810.
4. *De l'Allemagne*, 4e partie, chap. v.

ou d'envahissement que l'égoïsme inspire à chacun de nous en particulier. » Elle apprit à voir dans la religion autre chose que du fanatisme ou de la superstition. La lumière lui vint de deux côtés. L'histoire lui montra les bienfaits du christianisme. Son expérience personnelle lui fit découvrir que la vie peut avoir un sens si on lui donne pour but le perfectionnement de l'âme, et que ce travail de développement moral est la racine même du christianisme. Elle s'y attacha donc de plus en plus. Elle connut l'humilité, qui dégage de l'égoïsme et prépare à la bonté, la confiance en Dieu, la charité qui se dévoue. Elle crut, malgré les obscurités du monde et le spectacle du mal, à l'intention bienfaisante de Celui qui nous a soumis à l'épreuve.

La fille de Necker demeura toujours fidèle au protestantisme. Mais elle goûta plusieurs écrivains catholiques. Elle savait gré aux mystiques d'avoir fait une large part à l'amour dans la religion. Dans ses heures de tristesse, « elle lisait souvent Fénelon... L'*Imitation de Jésus-Christ*, qui ne lui avait pas plu d'abord, était aussi une ressource pour elle vers la fin de sa vie [1] ». Elle aimait à prier. « C'est un usage pieux des catholiques, et que nous devrions imiter, disait-elle [2], de laisser les églises toujours ouvertes; il y a tant de moments où l'on éprouve le besoin de cet asile! et

---

1. Notice de Mme Necker de Saussure.
2. *De l'Allemagne*, IVe partie, chap. VII.

jamais on n y entre sans ressentir une émotion qui fait du bien à l'âme, et lui rend, comme par une ablution sainte, sa force et sa pureté. »

IV

On a plus d'une fois comparé Mme de Staël à George Sand. Malgré des différences faciles à signaler, et qu'explique amplement la diversité d'éducation, de milieu et de vie, on peut découvrir une certaine communauté de nature et d'aspirations chez les deux plus illustres femmes de lettres qu'ait connues notre siècle. La petite fille d'Aurore Dupin, si chimérique que soit souvent son imagination exaltée, se rapproche de l'auteur de *Delphine* par sa large pitié pour toutes les souffrances humaines, par sa croyance invincible en la bonté de Dieu, par sa douce morale de charité. Alors qu'elle était enfant, à Nohant, et que sa grand'mère, en la préparant à sa première communion, lui recommandait bien de ne pas croire à la présence réelle du Christ, elle ne comprenait rien au catéchisme, mais « l'Évangile et le drame divin de la vie et de la mort de Jésus lui arrachaient en secret des torrents de larmes[1] ». Au couvent des Augustines,

---

1. *Histoire de ma vie*, t. VI, p. 21.

elle entra par hasard, un soir d'été, dans la chapelle silencieuse et la foi lui vint par le cœur. Puis elle s'éloigna de l'Église catholique. Mais elle garda toujours « son enthousiasme pour le type divin de Jésus [1] ». Leibniz fut son théologien préféré. Elle connut pourtant les faiblesses d'une intelligence incertaine et d'une sensibilité passionnée. « Il n'y a en moi rien de fort, disait-elle, que le besoin d'aimer [2]. » Elle crut de plus en plus fermement qu'il faut chercher la paix, la joie et la vertu dans l'immolation de la personnalité, dans l'affranchissement de l'égoïsme [3]. « Nos jours, éclairés par la foi en Dieu et réchauffés par l'amour de l'humanité, » lui semblaient « humblement acceptables, et pour ainsi dire doucement amers [4]. »

Dans l'hiver qui précéda sa mort, Mᵐᵉ de Staël avait rencontré chez la duchesse de Duras, une jeune femme russe, récemment convertie au catholicisme, et qui, sans faire aucunement métier d'auteur, devait avoir une place dans l'histoire morale de notre siècle, Mᵐᵉ Swetchine. Il y a très loin de cette sainte figure à George Sand. Mais Mᵐᵉ de Staël, qui se considérait comme toujours en marche et jamais arrivée, ne peut-elle servir d'intermédiaire ?

---

1. *Histoire de ma vie*, t. IX, p. 32.
2. *Idem*, t. X, p. 256.
3. *Idem*, t. VIII, p. 230 ; t. X, pp. 5, 225, 248, 249.
4. *Idem*, t. X, p. 248.

Elle est, à la fin de sa vie, beaucoup plus près de Mme Swetchine que de George Sand, et montre ainsi dans quelle direction les meilleures, les plus profondes aspirations de ce siècle peuvent trouver leur satisfaction. Celle qui songeait à écrire un livre sur l'éducation du cœur par la vie aurait reconnu l'écho de ses pensées intimes dans des réflexions comme celle-ci : « Avec le christianisme ce monde-ci est dans un crépuscule ; sans lui il est dans la nuit. — L'homme ne commence rien, mais il développe et continue tout.— Ce monde apparaît comme une immense école, où tout ce qui est en dehors et au dedans est destiné à devenir promoteur de notre avancement. — Il n'y a que l'homme intérieur qui puisse croître sans cesse et dont l'avancement soit indéfini [1]. » Ne pourrait-on pas appliquer à Mme de Staël ce qu'on a dit de Mme Swetchine : « Le christianisme, avant même d'être cru, est comme ébauché dans les âmes vraiment belles : il y est déposé en germe [2]. »

---

[1]. Comte de Falloux, *Mme Swetchine*, t. II, pp. 82, 88, 390, 365.
[2]. *Idem*, t. I, p. 184.

CHAPITRE V

MAINE DE BIRAN (1766-1824)

On ne songe guère, d'ordinaire, à rapprocher Maine de Biran de Jean-Jacques. Et pourtant le profond penseur, qui a ouvert des voies nouvelles au spiritualisme contemporain, ne cache pas son admiration pour l'auteur de *l'Émile*. « Rousseau, dit-il [1], souvent emporté au delà des bornes du vrai par cette imagination toujours si belle, si élevée, mais quelquefois si fougueuse qui fut la source de ses talents, de ses infortunes et de ses erreurs, me paraît avoir eu des vues aussi justes que profondes sur divers points de psychologie qu'il a touchés dans son immortel ouvrage sur l'éducation... Comme il soigne de bonne heure la culture du jugement et de l'attention ! Comme il subordonne l'exercice même des sens externes à *l'activité de l'esprit !...* » Le nom de celui qui, se révoltant contre le matérialisme dogmatique et le scepticisme du xviii^e

---

[1]. *Fondements de la psychologie*, introduction générale, VI.

siècle, avait prétendu restaurer le culte de la conscience, se trouve encore dans le journal intime. En octobre 1823, moins d'un an avant sa mort, c'est-à-dire au moment où sa pensée atteint ses derniers développements, Maine de Biran y écrit : « L'intuition de l'âme a plus de rapport avec l'instinct sensible qu'avec les labeurs de la raison discursive. J.-J. Rousseau semble avoir senti cette vérité psychologique, en voyant dans l'homme individuel ce qu'il y a de meilleur et dans l'homme de la société ce qu'il y a de pire. »

L'auteur des *Essais d'anthropologie*, très différent de Jean-Jacques par la dignité de la vie, et malheureusement aussi par la qualité du style, s'accorde avec lui pour demander à chacun de nous de consulter son âme, pour opposer cette révélation intérieure à tous les artifices du raisonnement et à toutes les influences extérieures. Mais avec sa puissance de méditation et sa délicatesse de cœur, il fait dans cette voie de bien autres découvertes que celles de *l'Émile*.

I

Royer Collard disait de Maine de Biran, avec une clairvoyante modestie : « Il est notre maître à tous. » Et Cousin saluait en lui le plus grand métaphysicien qui ait honoré la France depuis Malebranche. C'est que, reprenant la tradition de Descartes, mais rectifiant et creusant sa pensée, il avait ramené l'attention sur la conscience que nous avons de notre existence ; c'est qu'il avait « rétabli dans la science un fait méconnu par l'école sensualiste : le fait de l'activité de l'âme [1]. » De là nous vient le principe de causalité qui est le fondement de la métaphysique. Ce n'est pas une pure abstraction, une œuvre artificielle de l'esprit travaillant sur les sensations, et reconnaissant un rapport de succession entre les phénomènes. Ce n'est pas non plus une conception innée, *a priori*, indépendante de la réalité. C'est un fait primitif de sens intime. L'idée abstraite de cause dérive de la conscience de notre propre force, de l'effort qui est nous-mêmes. Ces vérités n'échappent qu'à ceux qui vivent au dehors et ne réfléchissent pas. Elles sont le fondement de la vie intellectuelle et morale. Ceux qui les contestent s'en servent et ne peuvent les méconnaître qu'en cessant de s'entendre eux-mêmes.

« La raison trouve une cause vivante dans l'activité de la conscience et s'applique à cette idée première pour en déduire tout ce qui y est ; elle ne crée pas l'idée ou le principe de causalité

---

[1]. Naville, *Œuvres inédites de Maine de Biran*, t. I, p. XLIII.

comme elle crée la notion de substance en réunissant sous une seule idée abstraite le système total des êtres. L'existence relative, et par un progrès nécessaire l'existence absolue de la cause, est un *fait* et non pas une *abstraction* [1]. »

On peut reprocher à Maine de Biran, dans son désir d'opposer au sensualisme ce principe actif et vraiment moral qui est en nous, de l'avoir trop séparé de la vie sensible et instinctive, d'avoir prêté à l'homme deux âmes distinctes, une âme animale et une âme raisonnable. Pourtant celui qui avait consacré son premier écrit philosophique à étudier *l'influence de l'habitude* semblait mieux préparé que tout autre à comprendre comment la même activité qui est, à certains moments, volontaire, peut être, à d'autres moments, inconsciente, inattentive. Et l'observateur clairvoyant qui s'intéressait au sommeil, aux rêves, au somnambulisme, au magnétisme, avait reconnu dans ces phénomènes des cas de dédoublement, de désagrégation, au moins partielle et intermittente, de la personnalité. Enfin, pour distinguer l'homme de « cette immense chaîne d'êtres vivants » dont il est, sous certains rapports, le plus haut terme, « et dont le plus bas va se perdre dans les derniers atomes de la matière organisée, sans qu'on puisse dire où la chaîne commence, pas plus qu'il n'est possible d'assigner humaine-

---

[1]. Naville, t. III, p. 334. *Anthropologie*.

ment l'origine de quelque chose que ce soit[1] », il n'était pas nécessaire de nous donner deux âmes. L'apparition de la pensée chez un être organisé suffit pour le séparer des autres vivants, aussi profondément que ceux-ci sont séparés de la matière brute ou inorganique.

Mais du moins Maine de Biran n'a pas méconnu comment nous plongeons dans le monde sensible, combien péniblement nous nous dégageons de la nature animale, enveloppante et absorbante. Il reproche aux moralistes de faire dans leurs traités, toujours abstraction du physique. « On dirait qu'ils parlent d'un être purement spirituel et immuable, tant ils tiennent peu de compte du changement que l'état variable de nos organes apporte dans nos affections[2]. » Il écrit, au soir d'une tiède journée qui devance le printemps : « Aucun homme n'a été peut-être organisé comme moi pour reconnaître la subordination de l'état moral à un état physique donné[3]. » Délicat et impressionnable, se regardant vivre et s'intéressant plus à ce spectacle qu'aux choses du dehors, il est de ceux qui « entendent pour ainsi dire crier les ressorts de la machine ; ils les sentent se monter ou se détendre, tandis que les idées se succèdent, s'arrêtent et semblent se mouvoir du même branle[4] ».

1. Naville, t. III, p. 359. *Anthropologie.*
2. *Pensées*, 27 mai 1794.
3. *Idem*, 18 février 1818.
4. *Rapports du physique et du moral.* Cousin, t. IV, p. 118.

Le journal intime de ce maître de la psychologie intérieure nous dit souvent le temps qu'il a fait. C'est que ce détail d'apparence frivole n'est pas sans action, il le sent bien, sur la direction et le ton de ses pensées. « Le vent qui souffle, écrit-il un jour de mars[1], a une influence singulière sur toute ma manière d'être. » La société des hommes lui est généralement à charge ; mais il entre facilement en communication avec la nature, parce qu'il sent qu'il en fait partie et qu'elle favorise parfois sa méditation. Il jouit en poète de la fête du printemps, soit dans son domaine de Grateloup en Périgord[2], soit que, fatigué d'une séance parlementaire, il admire les arbres en fleurs et la première verdure dans un jardin des Thernes, alors qu'« après une matinée pluvieuse le ciel s'est rasséréné[3] », alors que la beauté sereine du soleil couchant emplit l'âme de douceur et de paix. Pendant un mois de juin longtemps humide et froid, il écrit : « Nous avons été privés des beaux jours... Je n'ai encore rien senti de vivifiant dans l'air. Comme une plante qui se dessèche, j'attends l'influence du soleil[4]. »

Pour ressaisir le moi si facilement passif, si naturellement entraîné et dispersé par les choses extérieures, un effort est nécessaire. Et ce re-

---

1. *Pensées*, 1818.
2. *Idem*, 27 mai 1794, pendant la Terreur.
3. *Idem*, 28 avril 1818.
4. *Idem*, juin 1820.

cueillement, qui est le principe de la raison, est aussi un commencement de vertu. L'opération intellectuelle, comme l'effort moral, est un déploiement d'activité, un exercice de volonté.

Maine de Biran, dans sa profonde analyse, ne se contente pas de montrer l'harmonie des facultés que séparent nos distinctions factices, facultés intellectuelles, facultés morales. Il entrevoit l'identité de leur principe. « S'il est vrai, dit-il [1], comme nous espérons le prouver, que notre personnalité individuelle ou l'aperception interne du *moi* repose tout entière sur l'exercice primordial de cette force suprasensible, ou puissance d'agir et de mouvoir, que nous appelons *volonté*, il s'ensuit que cette grande division admise dans toutes les écoles entre l'*entendement* et la *volonté* est purement artificielle, qu'elle n'a aucun fondement réel dans notre nature, que l'intelligence et la moralité humaine reposent sur un seul et même principe. »

II

Si la vertu exige qu'on rentre en soi-même, ce n'est pas pour s'isoler dans une contemplation paresseuse du moi, pour se regarder vivre avec

---

1. Naville, *Œuvres de Biran*, t. I, p. 110.

une curiosité clairvoyante. Maine de Biran a éprouvé la vanité de ce dilettantisme. « L'habitude de s'occuper spécialement de ce qui se passe en soi-même, en mal comme en bien, serait-elle immorale ? Je le crains, écrit-il [1], d'après mon expérience. Il faut se donner un but, un point d'appui hors de soi et plus haut que soi pour pouvoir réagir avec succès sur ses propres modifications, tout en les observant et s'en rendant compte. Il ne faut pas croire que tout soit dit quand l'amour-propre est satisfait d'une observation fine ou d'une découverte profonde faite dans son intérieur. » Ainsi le recueillement, qui dégage l'âme du sensible et du spectacle extérieur, n'est que le premier degré de la vie morale : la seconde démarche consiste à s'occuper d'autre chose que du moi, à s'affranchir de l'égoïsme qui, dans son étroitesse et son aveuglement, prétend se suffire à lui-même, se faire le centre de tout.

L'homme ne saurait s'enfermer, comme s'il était indépendant et seul, dans cette vie supérieure qu'il découvre en lui. « Ce n'est que par abstraction qu'il peut ainsi se mettre à part pour se voir et se penser lui-même, en s'isolant à la fois des objets de cette nature extérieure dont il fait partie, et hors de laquelle il ne saurait exister, et de la société de ses semblables dont il re-

---

[1]. *Pensées*, 24 janvier 1821.

çoit tout, et hors de laquelle sa vie physique et encore moins sa vie morale et intellectuelle ne sauraient ni commencer ni continuer [1]. » Maine de Biran se reproche parfois de s'être trop occupé du *moi*. En lisant de Maistre, « j'ai senti, dit-il [2], que mes habitudes isolaient trop ma pensée de la société, que mon point de vue psychologique ne tendait à faire de l'homme qu'un être tout solitaire... La méditation abstraite a l'inconvénient de ne pas donner au sentiment moral le développement dont il est susceptible, d'ôter à l'âme le point d'appui fixe qu'elle a besoin de trouver hors d'elle dans la société humaine ».

S'il faut reconnaître, comme le fit à la fin ce chercheur sincère, que « toute morale, comme toute religion, commence par l'amour (*caritas*) [3] », n'aperçoit-on pas l'importance souveraine des vertus sociales ? Dans ses *Fragments relatifs aux fondements de la métaphysique et de la religion* (1818), Maine de Biran a montré que « le culte du cœur, la religion de l'amour et de la reconnaissance », a pour préliminaire indispensable l'amour des hommes, et qu'à son tour cette charité humaine, développée dans la famille et la société, s'agrandit merveilleusement quand l'âme s'élève à la pensée de

---

1. Naville, *Œuvres de Biran*, t. III, p. 328.
2. *Pensées*, 12 juin 1815.
3. *Idem*, mars 1822.

Dieu. « Celui, dit-il, qui n'aurait pas aimé les hommes ne commencerait pas par aimer Dieu... L'homme ne peut aimer ni honorer, dans l'auteur des existences, que la perfection des mêmes qualités et des mêmes vertus par lesquelles il sympathise, de toutes les forces de son âme, avec des êtres d'une nature semblable à la sienne. » Comment sortiraient-ils de leur égoïsme, ceux qui n'ont pas appris, au moins dans certains moments, à s'oublier eux-mêmes pour les autres ?

Or le dernier terme de la réflexion n'est-il pas de découvrir que nous sommes attirés par un Bien qui nous semble présent et intime, mais qui n'est pas nous ? Par là encore on rencontre ce qui nous dépasse et la nécessité de sortir du moi. On entrevoit la cause dernière du monde comme une activité personnelle et consciente. « Les mêmes opérations de l'âme qui conduisent à ce qu'il y a de vrai, de réel, de permanent dans les choses, nous détachant des sens qui ne saisissent que des fantômes, nous font trouver à la fin Dieu, seule vérité, dernière raison des choses, par les mêmes moyens *antisensuels* [1]. »

Mais « Dieu, la cause unique des existences, étant conçu, toutes les existences particulières et modifiantes s'y subordonnent... C'est en cherchant, autant que le permet la faiblesse

1. *Pensées,* octobre 1823.

humaine, à se placer dans le point de vue de cette intelligence supérieure à toutes les autres qu'on conçoit le vrai, le beau, le bon absolu dont l'âme a une soif qui ne peut être rassasiée dans son mode actuel d'existence, mais qui peut l'être dans un avenir d'immortalité dont elle trouve le pressentiment en elle, et la garantie dans cette justice absolue, l'un des premiers attributs de ce Dieu qu'elle croit... De ce point de vue élevé au-dessus de tous les jugements et préjugés, de tous les intérêts, de toutes les passions..., l'âme connaît son prix et peut savoir ce qu'elle vaut. Là l'homme trouve encore une sorte de douceur à sentir sa faiblesse, et à compatir aux misères inséparables de cette vie passagère qui attend son couronnement et son but... La grande chaîne des êtres a son commencement, son milieu et sa fin, et un point fixe où vient se rattacher l'ordre parfait, invariable, établi entre toutes les existences, offrant à la pensée un sujet de contemplation, d'admiration et d'amour[1].» Alors nos jugements essaient de s'accommoder à la vérité, à l'absolu de la loi divine. On a trouvé un guide autrement sûr que nos sympathies incertaines et variables. On tend à se dégager de la personnalité et à s'unir à l'ordre universel dans un consentement sublime à ce qu'on aperçoit de meilleur.

---

1. Naville, *OEuvres de Biran*, t. III, p. 54.

Ainsi « le but de nos actions, comme l'objet de notre complaisance, doit être extérieur à nous, indépendant de nous-mêmes. Que justice se fasse, que tout suive l'ordre de la sagesse, de la raison éternelle : voilà ce que nous devons vouloir, aux dépens de tout notre être physique et moral. Là seulement il n'y a pas de vanité [1] ».

« Le véritable amour consiste dans le sacrifice entier de soi-même à l'objet aimé..., et l'amour est le bien de la vie, » celui qui met l'âme en repos. « Les agitations et tout le malheur des passions ne viennent que de ce que nous nous aimons nous-mêmes par-dessus tout..., mettant notre bonheur, notre plaisir avant tout... Si l'amour divin est celui qui remplit le mieux, ou même uniquement les conditions du vrai bonheur dans ce monde, c'est qu'il ne s'y trouve rien qui donne prise aux passions personnelles, à ce qui tient à l'amour-propre ou au plaisir des sens. » On trouve la vie dans cet amour désintéressé. « Si une créature pouvait nous l'inspirer, ou que par un travail sur nous-mêmes nous parvenions à aimer en elle la perfection, la beauté de l'âme et du corps sans aucun retour sur nous-mêmes, nous pourrions être heureux en aimant la créature ; mais c'est alors Dieu que nous aimerions en elle [2]. »

1. *Pensées*, 25 août 1818.
2. *Idem*, juin 1822. — Voir aussi sept. 1823, et *Anthropologie*, Vie de l'esprit, pp. 545 et s., Naville, t. III.

On ne s'étonnera pas que le lecteur assidu de Pascal, de Fénelon et de l'*Imitation* ait reconnu dans le Dieu de l'Évangile le maître que cherchait son cœur. « Toute la doctrine du christianisme c'est qu'il faut aimer [1]. » Il ne laisse pas l'homme isolé. « Le stoïcien est seul, ou avec sa conscience de force propre qui le trompe ; le chrétien ne marche qu'en présence de Dieu, et avec Dieu, par le *médiateur* qu'il a pour guide et compagnon de sa vie présente et future. » Voilà sur quelles paroles s'achève le journal intime, arrêté seulement quelques mois avant la mort de Maine de Biran.

III

De ces données sur l'activité du moi qui doit d'abord se ressaisir par la réflexion, et puis s'élargir par l'amour, on peut déduire une large méthode de culture intellectuelle et morale. Elle tiendra compte de l'homme tout entier; elle ne négligera pas plus la volonté que l'entendement.

Maine de Biran, grand admirateur de Pestalozzi dont il introduisit le système à Bergerac [2],

---

1. *Pensées*, 20 déc. 1823.
2. Voir A. Bertrand, *Psychologie de l'effort*, 1889, chap. v : Le Biranisme appliqué à l'éducation.

rattache la pédagogie à la psychologie. Il donne pour but à l'éducation le développement des facultés actives [1]. Voilà pourquoi il admire Jean-Jacques Rousseau qui respecte la spontanéité de l'enfant. Il se moque, comme Montaigne, des signes d'une science *livresque*, du nombre des connaissances, des mots vides d'idées et qu'emmagasine la mémoire. Le but qu'il faut se proposer c'est le perfectionnement même des facultés, ou plutôt le « développement de l'homme intellectuel et moral tout entier ». Donnez l'habitude de l'attention, du jugement, de la réflexion, de l'observation intérieure ; cultivez « la raison qu'il faut bien distinguer du raisonnement » ; éveillez ce sens intime qui se confond, en réalité, avec la conscience morale, et vous aurez vraiment appris à l'enfant « son métier d'homme ».

Mais l'éducation, en un sens, dure toute la vie ; et ce travail perpétuel de perfectionnement, dont l'auteur du journal intime a donné un si intéressant exemple, n'est pas une œuvre purement intellectuelle.

Les manifestations de l'âme raisonnable dépendent, jusqu'à un certain point, des dispositions corporelles. Or, l'expérience physiologique peut faire découvrir « les moyens plus ou moins propres à modifier le ton de la sensibilité générale... La science plus avancée de l'homme physique

---

[1]. Voir *Fondements de la psychologie*, introduction générale, VI.

pourrait donc donner des moyens d'influer sur les dispositions mêmes de l'homme moral... Les anciens philosophes, les pythagoriciens surtout, avaient bien reconnu cette vérité ; aussi le régime physique entrait-il en première ligne dans leurs préceptes et leurs moyens de sagesse [1] ».

Mais sait-on, d'autre part, jusqu'à quel point « l'activité d'un vouloir énergique, prenant le dessus, peut s'opposer aux passions, aux affections, à cette foule d'images qui troublent ou pervertissent les lois de l'intelligence, et les vaincre ou les dissiper [2] ? » Qui a fait pleinement cette expérience ? C'est surtout par la direction qu'il imprime à l'imagination que le moral influe sur le physique. Maine de Biran a observé bien des fois sur lui-même qu'un travail intellectuel, entrepris en faisant violence à l'inertie la plus marquée des organes ou à un état affecté de trouble, de malaise, de souffrance, amenait, après des efforts opiniâtres et prolongés, un état d'activité, de sérénité, de calme et de bien-être intérieur [3]. Il semble, à voir certains vieillards, que l'habitude des hautes pensées et des grands sentiments soutient le corps lui-même. Elle « amoindrit la part de la mort, et fait participer l'organisme à l'activité, à la vie, à la jeunesse éternelle de l'âme [4] ».

1. Cousin, *Œuvres de Biran*, t. IV, pp. 137, 138.
2. *Rapports du physique et du moral*, Cousin, t. IV, p. 119.
3. *Idem*, p. 139.
4. *Idem*, p. 145.

Bien rares sont les vies et bien courts les moments où l'on jouit de cet état parfait de santé. D'ordinaire l'âme est à peu près passive, et l'homme comme étranger à lui-même (*alienus*). Il suit parfois en simple spectateur le jeu de cette étrange activité qu'il subit. « Dans toute passion commençante, qui ne va pas encore jusqu'à absorber le moi, l'individu sent intérieurement comme une force étrangère à lui qui s'insinue peu à peu et qui tend à s'emparer de lui ou à se mettre en sa place. C'est ainsi que, dans les attaques de folie ou de rage, le malheureux, encore dans son bon sens, prévoit l'accès, le sent venir, dicte même les précautions à prendre, non pas contre lui tel qu'il est présentement, mais contre un autre être qui va se substituer à son moi [1]. » D'ordinaire, « on ne fait attention qu'aux maladies mentales qui entraînent la perte de la raison ou des facultés supérieures, comme la manie, le délire, etc. [2]. » On ne s'occupe pas des dérangements partiels de notre frêle machine; ils sont continuels, bien qu'ils ne soient guère aperçus par les hommes qui n'ont pas l'habitude de l'observation intérieure.

Nul n'a senti plus vivement, plus douloureusement que Maine de Biran cet écoulement des choses et du moi qui fait ressembler notre vie à une mort continuelle. On dirait que notre âme elle-même nous échappe, mobile, inconsistante,

---

1. *OEuvres* publiées par Cousin, t. III, p. 344.
2. *Pensées*, 1ᵉʳ janvier 1815.

se dérobant perpétuellement. « Cette malheureuse existence n'est qu'une suite de moments hétérogènes qui n'ont aucune stabilité. Ils vont flottant, fuyant rapidement, sans qu'il soit jamais en notre pouvoir de les fixer. Tout influe sur nous, et nous changeons sans cesse avec ce qui nous environne [1]. — Tout se succède en nous, et nous ne connaissons pas deux instants semblables [2]. — C'est une chose singulière pour un homme réfléchi de suivre les diverses modifications par lesquelles il passe. Dans un jour, dans une heure même, ces modifications sont quelquefois si opposées qu'on douterait si on est bien la même personne [3]. — Où trouver quelque chose qui reste le même soit au dedans, soit au dehors de nous? Au dedans le temps emporte, dans son cours rapide, toutes nos affections les plus douces ; les sentiments et les idées qui animaient notre vie intellectuelle et morale s'effacent et disparaissent. Les objets changent aussi pendant que nous changeons, et fussent-ils toujours les mêmes, nous cesserions bientôt de trouver en eux ce qui peut remplir notre âme [4]. » Souffrant profondément de ce flux perpétuel, l'auteur du journal intime cherche un point d'appui fixe, et sous sa plume reviennent souvent les phrases d'un court

1. *Pensées*, 27 mai 1794.
2. *Idem*, 25 décembre 1794.
3. *Idem*, 1795.
4. *Idem*, 29 août 1819.

chapitre de l'*Imitation*[1] sur l'instabilité du cœur et la fin suprême qu'il faut toujours se proposer.

Le seul raisonnement est-il donc capable de donner le repos dans la certitude ? N'y a-t-il pas des vérités dont il faut se rapprocher par le cœur et par la pratique pour les trouver ? « On peut commencer par aimer l'inconnu, quand on sait que rien ici-bas ne peut satisfaire complètement les besoins de l'âme[2]. » Rappelant ce que Pascal a dit des choses divines : « Il faut les aimer pour les connaître ; on n'entre dans la vérité que par la charité, » Maine de Biran ajoute : « Ce sont les œuvres qui font naître l'amour, et l'amour produit les croyances[3]. »

Lorsque l'on sent profondément ce besoin du mieux, et que l'on connaît Dieu, la prière jaillit du cœur. Est-elle autre chose que le mouvement de l'âme, humble et confiante, vers la bonté divine? Maine de Biran cherche la force et la paix dans ces élévations bienfaisantes. Il étudie leurs effets psychologiques[4]. « Nul doute que ce ne soit l'exercice le plus propre à modifier l'âme dans son fond, à la soustraire aux influences des choses extérieures et à tout ce monde de sensations et de passions. Mais sont-ce là les pro-

---

1. Livre III, chap. XXXIII.
2. *Pensées*, mars 1822.
3. *Idem*, février 1821.
4. *Idem*, octobre 1823.

duits d'une influence surnaturelle qui s'exerce momentanément ? » N'est-ce pas le résultat de nos dispositions personnelles et de notre action sur nous-mêmes ? Problème mystérieux, « le plus grand et le plus difficile de la science de l'homme, » et qui sans doute n'est pas susceptible de solution précise. Il faut reconnaître que dans ce travail de la vie spirituelle, l'action de Dieu se mêle à l'action de l'homme dans une mesure impossible à préciser. Nous ne créons pas plus la lumière intérieure que la lumière extérieure : nous pouvons seulement diriger notre regard vers sa clarté. Celui qui s'isole dans son orgueil inintelligent et prétend se suffire à lui-même ferme son âme à Dieu et l'appauvrit de dons inestimables. « Agir, méditer et prier sans cesse, » voilà « les conditions nécessaires de la manifestation et du développement de la vie de l'esprit [1] ».

On voit combien Maine de Biran, arrivé à la fin de sa vie et au plein développement de sa pensée, avait dépassé le stoïcisme auquel il s'était quelque temps arrêté ; on voit surtout combien il était loin de cette idéologie qui avait été son point de départ, sorte de positivisme anticipé que les héritiers des encyclopédistes essayèrent de constituer au commencement de ce siècle [2]. Il leur avait opposé le fait primitif et irréductible

---

1. *Pensées*, 19 mars 1824.
2. Voir le remarquable ouvrage de M. *Picavet* sur *Les Idéologues*, 1891.

de l'activité du moi. Attiré dès l'enfance vers l'observation des choses du dedans, s'intéressant plus à ce spectacle qu'à ses occupations administratives et politiques, il avait mieux dégagé qu'aucun autre cette lumière intérieure qui est le fond de notre vie intellectuelle et morale, et qu'on ne peut méconnaître qu'en se trompant soi-même avec des mots. Il avait montré qu'elle ne s'explique pas toute seule, et qu'elle n'est indépendante ni de l'ensemble de la création, dont elle fait partie, ni du Créateur. On pourrait résumer sa doctrine et sa méthode autour de cette pensée simple et profonde : « L'âme est un feu qu'il faut nourrir [1]. » C'est une flamme, principe actif, qui, pour demeurer vive, doit être protégée parfois contre l'envahissement des choses extérieures. Ce soin-là n'inquiète guère les esprits vulgaires. « La quantité d'impressions, d'idées reçues les absorbe, comme un petit feu est étouffé par une trop grande quantité de matières combustibles [2]. » Mais cette flamme aussi a besoin d'aliments; elle ne vit que de ce qui lui est donné; elle s'éteindrait si elle ne recevait rien du dehors, de l'expérience. Et pour qu'elle développe toute sa chaleur et toute sa clarté, il faut qu'elle s'efforce sans cesse de se rapprocher du foyer invisible dont elle n'est qu'un pâle reflet.

1. *Pensées*, 17 nov. 1820.
2. *Idem*, 28 déc. 1819.

CHAPITRE VI

ARTHUR SCHOPENHAUER (1788-1860)

Dans le prologue de Faust, quand le Seigneur demande au diable s'il ne trouve encore rien de bon sur la terre, Méphistophélès répond : « Rien, mon maître. Les choses vont en vérité comme par le passé, toujours parfaitement mal. La pauvre espèce humaine me fait presque pitié, et c'est conscience à moi d'aider ces misérables à se tourmenter. » Et plus loin, pressé par les questions de Faust, il se présente comme le Néant qui s'attaque au réel, partout où le réel se produit. « Je suis, dit-il, l'esprit de négation... Ce que tu nommes péché, destruction, tout le mal enfin, est de mon domaine... L'homme, dans l'orgueil de sa folie, s'imagine à lui seul former un univers ; moi, j'en conviens, je ne suis qu'une partie de ce que jadis était le monde entier ; je suis une partie des ténèbres qui ont enfanté la lumière... Je ne sais comment m'y prendre pour entamer ce monde grossier et solide, éternel adversaire du néant. » Ce bizarre fils du Chaos croit « pouvoir opposer sa main glacée à la puissance créatrice, toujours sainte, toujours active ».

L'image de Satan a hanté presque tous les cerveaux romantiques. Le génie de Gœthe l'a fixée ; et dans les traits qu'il lui prête on peut découvrir les deux caractères dominants de la philosophie que va construire le maître du pessimisme allemand : un large panthéisme qui rapproche dieux, hommes, démons et bêtes, âmes et matière, dans l'unité du grand tout ; — une tritesse ironique, orgueilleuse, qui maudit le monde et la vie, qui souhaite leur anéantissement. Telle est la double inspiration où Schopenhauer puise son âpre éloquence. Voilà sur quelles bases il élève l'édifice de sa morale, œuvre hardie, singulière, et dont certaines parties ont une grande beauté.

I

La métaphysique de Schopenhauer, avec ses audaces et ses bizarreries, a tout au moins le mérite d'ouvrir à la pensée et aux discussions un champ illimité. Quelle que soit sa valeur propre, il est nécessaire d'en démêler les grandes lignes pour expliquer la morale qui s'appuie sur elle.

« Le principe qu'on prendra pour fondement

de l'éthique, à moins d'être une proposition purement abstraite, sans appui dans le monde réel et qui flotterait librement dans l'air, ce principe devra être un fait, soit du monde extérieur, soit du monde de la conscience humaine ; en cette qualité il ne sera qu'un phénomène, et comme tous les phénomènes du monde il réclamera une explication ultérieure pour laquelle il faudra bien s'adresser à la métaphysique [1]. » Kant avait déjà dit : « Si la métaphysique ne marche pas devant, il n'y a pas de philosophie morale possible [2]. »

La métaphysique, c'est une tentative « pour expliquer ce qu'il y a derrière la nature et qui la rend possible ». Pourtant son objet n'est pas de sortir du monde de l'expérience, pour se mettre en quête de principes *a priori*. On se perdrait dans le vide. « Ce n'est qu'en rattachant convenablement et au bon endroit l'expérience externe à l'interne, et en établissant ainsi la communication entre ces deux sources si hétérogènes de nos connaissances, que la solution de l'énigme du monde devient possible ; bien que même ainsi elle ne puisse jamais dépasser certaines limites inséparables de la nature finie de l'homme [3]. »

A traiter Schopenhauer de panthéiste on se serait sans doute attiré quelqu'une de ces violentes boutades qu'il distribuait si libéralement à ses

---

1. *Fondement de la morale*, chap. I, 1.
2. *Fondement de la métaphysique des mœurs*, préface.
3. *Critique de la philosophie kantienne*.

adversaires et à ses rivaux. Il avait horreur du théisme. Il y voyait l'un des plus funestes présents d'une race qu'il exécrait, les Juifs. Mais le nom de monisme, dont on se sert aujourd'hui pour dire à peu près la même chose, ne lui aurait peut-être pas déplu. S'il repoussait la maxime πᾶν θεός, il admettait la formule ἓν καὶ πᾶν, et il proclamait qu'elle fit « de tout temps la risée des sots, l'éternel sujet de méditation des sages [1] ».

D'où vient donc que nous croyons à notre propre individualité et à la multiplicité des êtres? D'une illusion, et Kant nous a appris à la dissiper. Pour cela il demeurera le plus grand des philosophes, celui qui a produit une véritable renaissance intellectuelle, et dont la lecture fait sur les âmes modernes le même effet que l'opération de la cataracte sur un aveugle. Grâce à lui, on sait distinguer le phénomène de la chose en soi, reconnaître la fantasmagorie du monde objectif, le caractère idéal de l'espace et du temps. Schopenhauer se déclare le disciple et le continuateur de l'auteur de la *Critique de la raison pure*; mais il prétend être plus conséquent que le maître et s'être avancé plus loin dans la grande voie qu'il avait ouverte. Dans son premier livre *De la quadruple racine du principe de la raison suffisante* (1813), il fait,

---

[1] *Fondement de la morale,* chap. IV, 22.

lui aussi, sa critique de notre faculté de connaître. Il « s'attache à établir l'idéalité du monde. Il démontre que le principe de la raison suffisante revêt quatre formes distinctes, selon les quatre classes d'objets auxquelles il s'applique et qui constituent le monde, mais qu'il est identique, malgré la diversité de ses applications, et n'a de valeur que pour la connaissance humaine dont il est la loi fondamentale [1] ».

C'est le point de départ de son grand ouvrage *Le monde comme volonté et comme représentation* (1819). Là est exposé tout son système. En 1844, il ajoute à l'œuvre primitive un volume complémentaire. Entre temps, il avait écrit un livre sur *La volonté dans la nature*, et deux mémoires pour concours académiques, l'un sur *La liberté de la volonté* (1838), l'autre sur *Le fondement de la morale* (1840), qui attirèrent enfin l'attention sur cette philosophie originale.

Si l'intelligence ne nous donne que des représentations subjectives, comment sortir de ce monde d'apparences ? Par la méthode intérieure. « Nous devons chercher à comprendre la nature d'après nous-mêmes, et non nous-mêmes d'après la nature. ». Or, nous ne sommes pas seulement intelligence, nous sommes aussi volonté. Voilà le chemin par où nous pouvons pénétrer dans l'intime de l'être. Par là nous sor-

---

1. Challemel-Lacour, *Revue des Deux-Mondes*, 15 mars 1870.

tons de la région des phénomènes. Nous touchons à la chose en soi, à l'essence du monde. La volonté est la substance de l'homme. Le corps est la volonté saisie par l'intuition intellectuelle.

Cette force que nous appelons en nous volonté est le fond commun de tous les êtres. Elle ne devient consciente que chez l'homme ; mais elle anime et soutient la nature entière, le monde inorganique, le règne végétal, le règne animal. Les poètes, les sages et les véritables savants l'ont bien pressenti. Notre espèce est le dernier degré que cette volonté de vivre puisse atteindre. Des êtres supérieurs ne se laisseraient pas tromper par le destin, et ne consentiraient pas à vivre.

Observez qu'à la même époque un penseur français, Maine de Biran, creusait lui aussi les idées de force et de volonté, demandait la vérité à la méthode intérieure, et arrivait à des conclusions très différentes.

Dans ce monde qui est à la fois représentation et volonté, et qui demeure enveloppé d'un grand mystère, règne le déterminisme le plus absolu. La liberté, dans le sens ordinaire du mot, n'a de place ni à l'origine des choses, ni dans la vie humaine. Le principe de causalité est incompatible avec toute notion de cette nature.

L'intelligence ne saurait concevoir un Dieu qui aurait librement créé le monde. Dans la série des causes, « aucun fait initial ne peut être découvert, ni même simplement pensé comme possible, bien loin qu'il puisse être supposé comme existant. En vain l'intelligence, reculant toujours plus haut, se fatigue à poursuivre le point fixe qui lui échappe : elle ne peut se soustraire à la question constamment renouvelée : — Quelle est la cause de ce changement ? — C'est pourquoi une cause première est aussi absolument impensable que le commencement du temps ou la limite de l'espace [1] ».

Il en est ainsi pour la liberté humaine. « Les formes mêmes de l'entendement y répugnent. Car le principe de raison suffisante, le principe de la détermination universelle et de la dépendance mutuelle des phénomènes est la forme même de notre entendement [2]. » Aussi Schopenhauer ne se contente-t-il pas de répéter avec Malebranche : « La liberté est un mystère. » Il la relègue hors du domaine des phénomènes, dans la chose en soi, dans l'essence des forces originelles et impénétrables, qu'il faut admettre comme un fait premier et qu'on ne saurait expliquer. La liberté humaine est une de ces forces primitives ; elle est inconnaissable, comme les autres.

Donc il y a chez l'homme liberté et nécessité. Le libre arbitre, au sens vulgaire du mot, est une chimère. Et la preuve, dit gravement Scho-

1. *Essai sur le libre arbitre*, trad. Reinach.
2. *Idem*, trad. Reinach.

penhauer, que nos actions peuvent être prévues rigoureusement, comme des événements nécessaires, c'est que les somnambules les prédisent. « Étant donné un individu et un cas déterminé, il n'y a qu'une seule action de possible pour lui : *operari sequitur esse*. La liberté n'appartient pas au caractère empirique, mais uniquement au caractère intelligible. L'*operari* d'un homme donné est déterminé extérieurement par les motifs, intérieurement par son caractère, et cela d'une façon nécessaire : chacun de ses actes est un événement nécessaire. Mais c'est dans son *esse* que se retrouve la liberté. Il pourrait *être* autre, et tout ce en quoi il est coupable ou méritant c'est d'être ce qu'il est [1]. »

La vie ne fait que révéler le caractère intime de chacun de nous : elle ne le forme pas. « La conscience est la connaissance que nous prenons, grâce à nos actes, de notre caractère immuable [2]. » S'imaginer qu'on peut l'améliorer c'est une sotte prétention des gens qui aiment à moraliser. « Le méchant tient sa méchanceté de naissance, comme le serpent ses crochets et ses poches à venin ; ils peuvent aussi peu l'un que l'autre se débarrasser. *Velle non discitur*, a dit le précepteur de Néron... La tête s'éclaire, mais le cœur demeure ce qu'il était. » Le changer est impossible, beaucoup plus impossible que de chan-

---

1. *Fondement de la morale*, II, 10.
2. *Idem*, III, 20.

ger le plomb en or. La mort même ne détruit pas cette force inaltérable. « C'est comme le clignement des yeux qui n'interrompt pas la vision [1]. » Et cela montre que le suicide est parfaitement inefficace. La seule voie qui puisse affranchir les êtres du mal de l'existence et les conduire au repos tant souhaité, c'est la négation du vouloir-vivre par la volonté arrivée à la conscience d'elle-même. Il est ainsi réservé à l'homme de devenir « le libérateur de toute la nature qui attend de lui sa rédemption ».

II

A cette métaphysique joignez un tempérament de romantique ; rappelez-vous la vie de Schopenhauer, la direction de sa culture intellectuelle, et vous vous expliquerez passablement sa morale.

Ce qui fait hésiter tout d'abord à reconnaître un lien de parenté entre l'école littéraire issue de Rousseau et le maître du pessimisme allemand, c'est que celui-ci est passionnément athée. Il aime Helvétius, d'Holbach, d'Alembert. Pendant que les romantiques se plaisent d'ordinaire à des rêveries chrétiennes ou tout au moins déistes, il

---

1. *Fondement de la morale*, chap. IV.

ne voit dans la *Profession de foi du Vicaire savoyard* qu'une « plate philosophie de prédicateur protestant », insupportable par son optimisme, par sa croyance naïve à la bonté originelle. Mais en même temps il porte aux nues celui qui a donné pour base à la morale les instincts du cœur et non les raisonnements. « C'est le plus grand des moralistes modernes..., celui qui a connu si à fond le cœur humain ; celui qui puisa sa sagesse, non dans les livres mais dans la vie; celui qui produisit sa doctrine non pour la chaire mais pour l'humanité; cet ennemi des préjugés, ce nourrisson de la nature qui a le don de moraliser sans ennuyer, parce qu'il possède la vérité et qu'il émeut les cœurs [1]. » — Et puis Rousseau a entrevu l'importance de la vertu primitive, innée, mère de toutes les autres, la pitié.

Schopenhauer est romantique par d'autres côtés encore. Il a l'orgueil démesuré qui est fort commun dans l'école de Rousseau. Chacun de ces hommes de lettres croit être un génie d'une telle grandeur qu'auprès de lui Napoléon serait un très petit personnage. Le fondateur du pessimisme ne prend pas même la peine de simuler une modestie de convention. Il malmène ses confrères et procède à sa propre apothéose avec une assurance tout à fait exceptionnelle.

Il a le dégoût de la vie, l'immense mélancolie

---

1. *Fondement de la morale*, chap. III, 19.

des Werther et des René. Les vers de Byron sont, avec ceux de Gœthe, les chants qu'il préfère. Il aime Lamartine dans les heures de tristesse du poète [1]. Il offre un mélange d'éloquence et de familiarité, d'émotion et d'ironie, que semblait avoir oublié la littérature classique et qui valut tant d'admirateurs à Shakespeare, au commencement de ce siècle. Comme Rousseau, il nous prend à la fois par la violence de la satire et par l'attendrissement. Les bourgeois lui font horreur. Il a le culte de l'artiste, dont la contemplation désintéressée ressemble à la folie et qui, dans sa naïveté sublime, ignore le monde pratique. Ajoutez qu'il est lui-même un grand artiste, comme Flaubert et M. Leconte de Lisle, les deux écrivains de la France contemporaine qui sont le plus voisins de son état d'esprit.

Les romantiques ont d'ordinaire le goût du lointain et du passé. Schopenhauer le satisfait avec la littérature et la philosophie de l'Inde. C'est de là, dit-il, que vient la lumière, et le christianisme n'est qu'un reflet de ce foyer sacré. La religion des Védas lui semble la seule bonne. Dans sa chambre trône un Bouddha d'or. La révélation des livres de l'antique Orient lui paraît un des plus grands événements de l'histoire moderne. Il ne conçoit pas de morale plus haute que celle du bouddhisme. Elle est em-

---

1. Voir l'*Hymne à la douleur*, dans les *Harmonies poétiques*.

preinte d'une profonde tristesse, et elle enveloppe dans une charité fraternelle, non seulement les hommes, mais tous les êtres sensibles. Schopenhauer reproche aux Européens, qui se croient très civilisés, leur cruauté envers les bêtes. Il s'indigne contre l'abus des vivisections. L'un des vivants qu'il aima le plus, ce fut certainement son épagneul noir, *Atma*. Ce nom signifie, en sanscrit : âme du monde. « Il faut vraiment, dit-il [1], être bouché, avoir été endormi et comme chloroformé par le *fœtor judaicus*, pour méconnaître cette vérité que, dans l'homme et la bête, c'est le principal, l'essentiel qui est identique ; ce qui les distingue, c'est dans l'élément secondaire qu'il faut le chercher, dans l'intelligence, dans la faculté de connaître ; chez l'homme, accrue qu'elle est par le pouvoir d'abstraire qu'on nomme raison, elle s'élève incomparablement plus haut ; et pourtant cette supériorité ne tient qu'à un plus ample développement du cerveau, à une différence dans une seule partie du corps, et encore cette différence n'est-elle que de quantité. »

Schopenhauer vécut soixante-douze ans (1788-1860). La gloire à laquelle, dès sa jeunesse, il croyait avoir droit, et que semblait lui présager l'amitié bienveillante de Gœthe, ne lui vint que fort tard. Les cours qu'il essaya de faire comme

---

1. *Fondement de la morale*, chap. III, 10.

privat-docent à l'université de Berlin n'eurent pas de succès. Il voyagea, écrivit, se soigna bien, et demeura toujours célibataire. Il répétait volontiers cette boutade de Byron : « Plus je vois les hommes, moins je les aime ; si je pouvais en dire autant des femmes, tout irait pour le mieux. » Il était à la fois sceptique et impressionnable, amoureux de la mort, en théorie, et occupé des précautions les plus minutieuses pour conserver sa propre vie. On pourrait citer de lui bien des traits fantasques, mêlés de sérieux et de bouffon, dignes des héros de Shakespeare et de Musset. Il détestait par-dessus tout les Allemands, les agitations politiques, les Juifs et la philosophie officielle. Il donnait parfois l'impression d'une sorte de Méphistophélès. Mais il aimait saint François d'Assise, sainte Élisabeth de Hongrie, l'abbé de Rancé. Il tomba subitement, en s'habillant. « On attend ma mort, avait-il dit, pour me canoniser. »

III

On ne compte pas trouver dans la morale de ce métaphysicien étrange, de ce romantique désespéré une collection de recettes propres à assurer notre bonheur dans ce monde ou dans l'autre. Il ne songe pas à refaire nos cœurs. Il laisse dédaigneusement cette prétention aux religions et aux philosophies officielles. Il nous aidera seulement à réformer quelques-uns de nos jugements. Il fera comprendre les effets bienfaisants de l'art, de la souffrance, de la pitié surtout, qui est la source de toutes les actions véritablement morales.

Le mal, c'est l'égoïsme : et il est gigantesque, malgré toutes les dissimulations dont nous essayons de l'envelopper. Schopenhauer a cherché longtemps une hyperbole assez énergique pour le dépeindre dans son développement effrayant. « Je finis, dit-il [1], par prendre celle-ci ; plus d'un individu serait homme à tuer son semblable simplement pour oindre ses bottes avec la graisse du mort. Mais un scrupule m'est resté : est-ce bien là une hyperbole ? « De l'égoïsme sort, comme d'une source toujours jaillissante, la série indéfinie de nos vices, gourmandise, ivrognerie, luxure, avidité, orgueil, envie, haine, cruauté, etc., etc.

Les morales qui nous promettent le bonheur flattent l'ennemi de toute moralité et volent leur nom. C'est un des plus grands mérites de Kant d'avoir essayé de purger la notion du devoir de toute recherche du bonheur, de tout hédonisme. Mais, comme en métaphysique, il s'est arrêté à

---

1. *Fondement de la morale*, chap. III, 14.

moitié chemin. Il a même fini par rétablir un lien immoral entre le bonheur et la vertu avec sa théorie du souverain bien. La vraie vertu consiste à étouffer l'égoïsme, à s'oublier soi-même, à se détacher du moi. La perfection morale, c'est la négation absolue du vouloir-vivre.

De là l'effet bienfaisant de l'art. Il nous affranchit un instant des passions mesquines et des soucis égoïstes dans lesquels la plupart des hommes demeurent empêtrés. Il est la comtemplation désintéressée des choses. Il fait évanouir notre misérable personnalité. Les pages du *Monde comme volonté et représentation*, où cette idée est développée, ont un grand charme. D'où vient la joie intime que nous font éprouver les scènes d'intérieur des peintres hollandais, les paysages d'un Ruysdaël ? C'est que ces toiles nous communiquent la disposition d'esprit calme et sereine de ceux qui ont regardé ces humbles choses avec un si parfait détachement d'eux-mêmes, et une si profonde sympathie. Pourquoi les jours passés nous apparaissent-ils si beaux dans leur lointain mystérieux ? C'est que le souvenir les a dégagés de toutes les préoccupations étroites et personnelles qui les ont gâtés : nous oublions qu'alors, comme aujourd'hui, notre volonté portait le poids de ses incurables misères. Qu'importe au véritable artiste de contempler un coucher de soleil, du fond d'un cachot ou du balcon d'un palais ? Il est, lui, en dehors de l'espace et des conditions ordinaires de notre pauvre existence. Mais l'affranchissement que donne l'art est momentané. Il n'est d'ailleurs pleinement goûté que par les plus hauts génies.

Tous au contraire nous avons la souffrance à notre portée. Elle est le fond de la vie. Elle seule est positive : le plaisir est négatif ; c'est une cessation momentanée des impressions pénibles. Mais la douleur revient vite. Il ne faut pas la craindre. Il y en a elle une vertu purifiante, libératrice, sanctifiante. Lamartine a compris, avec sa clairvoyance de poète, le bien que fait cette étrange amie. Je sens, lui dit-il,

> Que tu n'es pas la mort de l'âme, mais sa vie,
> Que ton bras, en frappant, guérit et vivifie.

Et Schopenhauer aurait pu citer aussi Musset :

> L'homme est un apprenti : la douleur est son maître.

D'où vient la paix sublime de la Marguerite de Faust à ses derniers moments ? De la souffrance qui convertit. Cela se produit même chez ceux que nous appelons des criminels. Parfois, à force de souffrir, « ils deviennent bons et purs : ils ont sincèrement horreur de commettre la moindre action méchante ou seulement peu charitable : ils pardonnent à leurs ennemis, même à ceux qui les ont fait condamner, alors qu'ils sont innocents, et ce ne sont pas chez eux de simples paroles ou de l'hypocrisie inspirée par la crainte d'être damnés ; c'est bien sincèrement qu'ils se sont dépouillés de toute animosité. Ils chérissent désormais leurs souffrances et leur mort, car la négation du vouloir-vivre s'est produite en eux : ils repoussent toute chance d'évasion qui se présente et meurent avec joie, calmes et sereins. L'excès de la détresse leur a révélé le dernier mystère de la vie [1] ». — Ne croirait-on pas lire une page de Tolstoï ?

La véritable vertu s'appelle pitié. C'est la négation de l'égoïsme. Ce renoncement au vouloir-vivre n'a rien de commun avec l'amour qui est au contraire l'affirmation du vouloir-vivre dans toute sa folie malfaisante. Malgré les broderies dont on le pare, ce beau sentiment n'est que le désir qui entraîne l'espèce à se développer, sans souci des souffrances individuelles. Il faut le combattre comme la poussée des instincts aveugles et brutaux de la nature inconsciente. Les amants ont bien raison de se cacher, de prendre des allures craintives et dissimulées. « Ce sont des traîtres qui travaillent en secret à perpétuer toutes les misères et les tourments qui sans eux auraient une fin prochaine. »

Toute différente est la pitié. C'est un mystère et pourtant un fait primitif, d'expérience, que ce phénomène étrange, faisant tomber pour un instant la barrière qui sépare le moi du non-moi. C'est une participation tout immédiate, sans au-

---

1. *Le Monde comme volonté*, t. I, p. 631.

cune arrière-pensée, d'abord aux douleurs d'autrui, puis, et par suite, à la cessation ou à la suspension de ces maux, ce qui est le bonheur humain. De là d'abord la justice, pitié négative, puis la charité, pitié positive. Et de ces deux vertus largement entendues on peut déduire toutes les autres. La morale se résume dans cette maxime très simple : *Neminem læde ; imo omnes, quantum potes, juva.*

« Une compassion sans bornes qui nous unit à tous les êtres vivants, voilà le plus solide, le plus sûr garant de la moralité. » Y a-t-il une plus belle prière que celle dont se servent les Indiens pour clore leurs spectacles, comme on fait en Angleterre avec la prière pour le souverain ? « Ils disent : Puisse tout ce qui a vie être délivré de la souffrance [1] ! »

IV

Schopenhauer suppose, pour montrer la supériorité du principe de la pitié, que deux jeunes gens, qui se préparaient à s'assassiner l'un l'autre, sont tout à coup pris de scrupules et renoncent à leurs projets. L'un expliquera sa conduite par

---

1. *Fondement de la morale*, chap. III, 19.

les raisons que fournissent les morales usuelles. Il dira, avec les utilitaires, qu'il lui a paru contraire à son intérêt bien entendu de tuer son semblable ; — ou bien avec Hutcheson : le sens moral, dont les impressions échappent à toute explication ultérieure, m'a déterminé à agir de la sorte ; — ou bien encore avec Adam Smith : j'ai prévu que mon acte ne m'eût pas attiré la sympathie du spectateur impartial et désintéressé. — L'autre dira tout simplement : « Quand j'en suis venu aux préparatifs, quand par suite j'ai dû considérer pour un moment non plus ma passion, mais mon rival, alors j'ai commencé à voir clairement de quoi il s'agissait pour moi et pour lui. Mais alors aussi la pitié et la compassion m'ont saisi ; je n'ai pas eu le cœur d'y résister : je n'ai pas pu faire ce que je voulais. » — « Maintenant, reprend Schopenhauer, je le demande à tout lecteur sincère et libre de préjugés : de ces deux hommes, quel est le meilleur ? Quel est celui aux mains de qui on remettrait le plus volontiers sa destinée ? Quel est celui qui a été retenu par le plus pur motif[1] ? »

Le lecteur pourrait répondre qu'il n'est pas nécessaire, pour connaître cette pitié qui sauve, d'adopter le système du philosophe allemand : bien au contraire.

La métaphysique, sur laquelle il appuie sa

---

1. *Fondement de la morale*, chap. III, 19.

morale, est un fondement d'une solidité douteuse, et soulève beaucoup d'objections. Elle contient un certain nombre d'assertions qui échappent à toute discussion, parce que ce sont de simples opinions, plus ou moins poétiques, mais qui ne reposent pas sur l'ombre d'une preuve. Quant à prétendre que nos perceptions ne nous donnent pas prise sur la réalité, que l'existence de Dieu est un mythe et notre libre arbitre une illusion, que la douleur seule est positive et le plaisir négatif, c'est trancher des problèmes qui relèvent de la philosophie et qu'on peut débattre : mais il est permis de leur donner des solutions très différentes de celles qu'on propose.

Qu'arriverait-il alors ? Deviendrait-on incapable de s'apitoyer sur le sort de ses semblables ? Un effet tout opposé se produirait. La charité aurait des chances de devenir plus active parce qu'on jugerait qu'elle peut être infiniment plus efficace. La croyance à l'amélioration possible de l'homme et de la société, la pensée que le bien est une réalité indestructible, raison dernière des choses, et à qui appartiendra la victoire définitive, donneraient à la vertu une énergie nouvelle. La pitié n'est pas solidaire du pessimisme : elle risque, au contraire, d'être étouffée par lui. C'est par exception qu'elle naît de ce triste système. La plupart du temps il conduirait au suicide, ou bien à cette apathie mortelle qui ne s'intéresse à rien, mais qui n'est pas désintéressée. On dit à tout effort qui nous sollicite : à quoi bon ? Et cette sagesse désabusée est une forme de la paresse, quand elle n'est pas le dépit d'un orgueil aigri. La vie de Schopenhauer ne donne que trop raison à ses contradicteurs. C'était en pratique un terrible égoïste que ce théoricien de la charité.

Le renoncement que prêche Schopenhauer n'est pas vivifiant. Sans doute nul n'a senti plus vivement la sottise et l'immoralité de notre petit moi qui s'isole et se fait le centre de l'univers. La morale chrétienne, elle aussi, dénonce l'égoïsme comme le grand ennemi de la vertu. Qui se cherche soi-même, dit-elle, trouve la mort. Il faut renoncer à soi-même et porter la souffrance : il n'y a pas d'autre chemin qui conduise au salut. Bossuet a pris pour devise de la vie parfaite : « Sortez, sortez, sortez [1]; » c'est-à-dire : dépouillez-vous de tout amour-propre. Mais ce n'est pas pour se perdre dans le néant, dans le *nirvana* bouddhique, qu'il faut se quitter soi-même ; c'est pour aller vers Dieu et vers nos semblables. « Travailler au bien des hommes, a dit le père Gratry [2], c'est l'axiome moral infaillible, évident... Persister jusqu'à la fin dans la pitié, dans le travail pour l'homme et Dieu, c'est vraiment toute la religion. » Ainsi, dans le christianisme bien entendu, la mortification est tou-

---

1. Bossuet, *Panégyrique de St Benoît.*
2. *Commentaires sur St Mathieu*, chap. xxv.

jours un moyen, jamais un but. Elle n'a d'autre objet ni d'autre mérite que de rendre l'âme plus libre, et d'écarter les obstacles qui entravent l'essor d'une vie supérieure.

L'ascétisme qui n'aurait pas l'amour pour principe ne serait plus qu'une folie maladive, un « *anéantissement pervers* », que condamnait par avance la haute raison de Bossuet.

Schopenhauer gardera l'honneur d'avoir protesté avec une vigoureuse éloquence contre l'optimisme démesuré et de nature fort peu élevée qui s'est trop souvent affirmé bruyamment dans notre siècle. Le développement des libertés politiques et les immenses progrès techniques, qui ont marqué notre temps, ont produit chez certains esprits un contentement béat et une présomptueuse confiance. On s'imagine que tout est bien, parce qu'on a transformé l'industrie. Est-ce que cela suffit à l'humanité pour être heureuse ? Il y a des gens qui ne peuvent supporter ce triomphe niaisement orgueilleux. Ils considèrent comme des natures vulgaires et basses les satisfaits, ceux qui prennent trop aisément leur parti des misères humaines et des imperfections de l'univers. M. de Hartmann proclame le pessimisme indestructible et se félicite de son développement. « C'est lui, dit-il [1], qui doit, avec le monisme, nous sauver de la

---

1. *La Religion de l'avenir.*

grossièreté du naturalisme matérialiste. » Ainsi l'auteur de la *Métaphysique de l'amour* serait un gardien de l'idéal. Cela n'est pas tout à fait un paradoxe. Il y a certainement une tristesse qui élève; et ce n'est pas signe d'une âme bien grande ni bien délicate que de se trouver pleinement content, et de ne désirer rien, pourvu que les appétits du corps soient assouvis.

Génie étrange et l'un des plus caractéristiques de ce siècle, dont il a dit tant de mal, Schopenhauer a eu le mérite de montrer dans la charité le vrai ressort de la morale; et puis il a tout fait pour le paralyser.

CHAPITRE VII

AUGUSTE COMTE (1798-1857)

Au temps où Auguste Comte n'avait pas encore donné ses grands ouvrages, il fut remarqué par l'abbé de Lamennais, comme « une belle âme qui ne sait où se prendre[1] ». Il se donna d'abord à la science, puis au culte de l'humanité. On juge d'ordinaire que ces deux passions ont été très inégalement heureuses. L'une s'affirme par les six volumes du *Cours de philosophie positive* (1830-1842) ; l'autre par les quatre volumes du *Système de politique positive, ou traité de sociologie instituant la religion de l'humanité* (1851-1854). Ce second effort, qu'il faut, en bonne justice, dégager des singulières fantaisies d'une intelligence fatiguée, se rattache-t-il au premier ? Le fondateur du positivisme ne voulait pas qu'on séparât les deux parties de son œuvre. Pour affirmer l'unité de ses travaux, il aimait à prendre comme devise et à s'appliquer à lui-

---

1. Voir lettre du 5 août 1845, A. Comte à Mme C. de Vaux.

même cette belle sentence d'Alfred de Vigny :
« Qu'est-ce qu'une grande vie ? Une pensée de
jeunesse réalisée par l'âge mûr. »

I

L'œuvre scientifique d'Auguste Comte a été
plus d'une fois exposée et discutée. Elle comporte
bien des critiques ; et je ne sais trop ce qu'en
laisseront subsister les développements ultérieurs
du savoir humain. Mais les adversaires de cette
doctrine ne paraissent pas s'être toujours rendu
un compte suffisant de ce qui fait son caractère
général et dominant, de ce qui lui a valu des disciples enthousiastes. Elle révèle un sentiment
beaucoup plus vif qu'on ne l'éprouvait auparavant de la liaison des choses et des limites infranchissables qui bornent nos connaissances.

C'était une entreprise d'une hardiesse extraordinaire que de se proposer d'écrire la philosophie
des diverses sciences, et de découvrir entre elles
un principe de coordination naturelle. Elle n'effraya pas le jeune disciple de Saint-Simon. « Déterminer les faits généraux d'une science particulière et les coordonner, c'est faire la philosophie
d'une science. Ce travail, toujours ardu, même
quand il se borne à un seul domaine, devient

immense quand il s'étend au domaine entier de ce que M. Comte appelle les six sciences fondamentales. Aucun philosophe n'a rien exécuté de pareil [1]. » Dans le *Cours de philosophie positive*, en effet, on passe successivement en revue le règne inorganique, avec les mathématiques, l'astronomie, la physique et la chimie, le règne organique avec la biologie, le règne humain avec la sociologie. On voit que les notions sont ici rangées suivant un ordre de complication croissante et de généralité décroissante. L'auteur de cette classification juge qu'elle est une très grande découverte et un immense bienfait. Non seulement elle permet de disposer nos connaissances suivant un ordre conforme à la nature des choses ; mais elle est complète, elle embrasse tout ce que nous pouvons connaître, parce qu'elle consacre la création d'une science nouvelle, la science sociale.

Auguste Comte prétend bien en être l'inventeur. « En 1822, ma découverte des lois sociologiques me procura, dit-il [2], dès l'âge de vingt-quatre ans, une véritable unité cérébrale, en faisant intérieurement converger les deux ordres de tendances, scientifiques et politiques, qui m'avaient jusqu'alors partagé. » J'imagine qu'avant cette révélation on pressentait déjà vaguement que la société peut être étudiée comme

1. Littré, *Fragments de philosophie positive*, p. 251.
2. *Système de politique positive*, préface du 1er volume.

un organisme naturel, se développant et se transformant, à la manière des végétaux. D'ailleurs le fondateur du positivisme reconnaît volontiers qu'il a eu d'illustres précurseurs. Mais il se fait gloire d'avoir constitué la science nouvelle, en découvrant les principes qui régissent les phénomènes sociaux. C'est une philosophie générale de l'histoire humaine.

Elle comprend deux parties. La *statique sociale* forme un traité abstrait de l'ordre humain, avec ses groupes essentiels, famille, cité, église, — avec ses trois éléments fondamentaux, le sexe affectif, c'est-à-dire les femmes, la classe contemplative, c'est-à-dire le sacerdoce, la force pratique, c'est-à-dire les hommes actifs, patriciat et prolétariat. La *dynamique sociale* est un traité des mouvements et des progrès qui modifient sans cesse cet immense organisme. C'est ici qu'intervient la célèbre loi des trois états, théologique, métaphysique et positif, qui, dans chaque ordre de connaissances, formeraient les trois étapes successives et inévitables de la marche de l'esprit humain.

Que tel soit, en réalité, le cours universel et fatal de l'évolution sociale, on peut le contester. Mais ces vues avaient du moins l'avantage de faire comprendre que les progrès se font lentement, par des transitions successives, et qu'il n'en faut mépriser aucun. Grâce à elles, on ne songe pas à juger nos devanciers avec nos idées d'aujourd'hui, mais on leur garde une profonde reconnaissance pour le bien qu'ils nous ont préparé. Tout se tient dans le règne humain, comme dans le règne organique, comme dans le règne inorganique : et ces trois ordres se tiennent eux-mêmes les uns les autres. L'un des grands mérites d'Auguste Comte, celui qui peut-être lui vaut le plus de sympathies intelligentes, c'est qu'il nous fait sentir très vivement la liaison étroite qui nous rattache au passé, à l'avenir et à l'ensemble des choses.

En dehors de ces données positives, il estime qu'on ne doit rien chercher. C'est une grande sagesse de ne pas prétendre sortir de l'expérience. « A peine la philosophie positive a-t-elle pris possession de son empire, écrit Littré [1], que cet univers, cessant de se montrer concevable en son ensemble, se partage en deux parts, l'une connue selon les conditions humaines, l'autre inconnue, soit dans la durée de l'espace, soit dans la durée du temps, soit dans l'enchaînement des causes. Cette séparation entre l'accessible et l'inaccessible est la plus grande leçon que l'homme puisse recevoir de vraie confiance et de vraie humilité... Il ne faut pas considérer le philosophe positif comme si, traitant uniquement des causes secondes, il laissait libre de penser ce qu'on veut des causes premières. Non, il ne laisse

---

1. *Auguste Comte et la philosophie positive*, pp. 250, 283, 206.

là-dessus aucune liberté; sa détermination est précise, catégorique, et le sépare radicalement des philosophies théologique et métaphysique : il déclare les causes premières inconnues. » Et voici comment Auguste Comte est arrivé à ce résultat. « Ayant construit la philosophie de chaque science fondamentale, il reconnut *a posteriori* que dans toutes on arrivait à des conditions dernières ou non, mais au delà desquelles on ne pouvait trouver d'autres conditions; c'est ainsi qu'il a formé expérimentalement son principe que, dans la connaissance humaine, rien n'est absolu, car telle est la formule qu'il en a donnée. »

Il y aurait à faire bien des objections à ce scepticisme métaphysique qui peut se réclamer de Hume et de Kant. Mais n'y a-t-il pas dans cette vue des choses quelque vérité, et beaucoup de poésie ? Un peu plus tôt, un peu plus tard, l'esprit humain finit toujours par s'arrêter au bord de l'inconnu. N'essayons pas de cacher l'abîme avec de mauvaises explications. Il faut laisser notre regard plonger dans cette immensité. « C'est un océan qui vient battre notre rive, et pour lequel nous n'avons ni barque, ni voile, mais dont la vision est aussi salutaire que formidable [1]. »

1. Littré, *loc. cit.*, p. 519.

II

Par le caractère encyclopédique de sa philosophie, Auguste Comte se rattache au xviiie siècle. Ne lui a-t-il pas emprunté aussi le germe de cette religion de l'humanité dont le *Système de politique positive* est l'évangile?

Pendant cinq années environ (1818-1823), Auguste Comte subit l'influence de Saint-Simon[1]. Il fut son secrétaire, après Augustin Thierry, et s'intitulait son disciple. Malgré ses incohérences et ses défaillances, l'auteur de *L'introduction aux travaux scientifiques du* xixe *siècle* (1807), du *Catéchisme des industriels* (1824) et du *Nouveau christianisme* (1825) devait être un merveilleux semeur d'idées et éveilleur d'esprits. Il attira dans son école des hommes destinés à rester des songeurs incorrigibles, et d'autres qui sont devenus des hommes d'affaires, des économistes, Michel Chevalier, par exemple. Il mêlait à des rêveries de poète des rêveries d'industriel. Si occupé qu'il fût des progrès matériels, il avait des réminiscences de Saint-Martin, de Swedenborg, des théophilanthropes. C'est à lui qu'on doit cette belle formule, dont les meilleures intelligences

---

[1]. Né en 1760, mort en 1825.
[2]. Paul Janet, *Revue des Deux-Mondes*, 1er août 1887, p. 107.

de ce siècle ont aimé à s'inspirer : « Toutes les institutions sociales doivent avoir pour but l'amélioration morale, intellectuelle et physique de la classe la plus nombreuse et la plus pauvre. »

Auguste Comte tient à d'Alembert par l'intermédiaire de Saint-Simon, qui reçut, dit-on, des leçons directes du célèbre encyclopédiste. Or, celui-ci plaçait la vertu de l'homme « dans l'élargissement le plus grand possible de ses affections. Si les objets de nos affections sont particuliers, les affections mêmes seront exclusives, elles seront contraires à la vertu. Aussi faut-il leur donner un objet si large et si général qu'il embrasse tous les autres sans en exclure aucun; on doit, comme disait un philosophe, préférer sa famille à soi-même, sa patrie à sa famille, le genre humain à sa patrie : l'amour universel de l'humanité, voilà, pour ainsi dire, *l'esprit de la vertu*[1] ».

Ce qui révèle l'importance de cette sorte d'*idolâtrie de l'humanité*, comme dit Guizot, c'est que, durant notre siècle, elle a pris bien des formes diverses. N'est-elle pas au fond de toutes les utopies socialistes? Combien de cerveaux n'a-t-elle pas hantés? Pendant que Jean Reynaud nous promettait un voyage sans fin à travers le monde des astres, Pierre Leroux n'a-t-il pas fait de l'humanité une sorte d'unité

---

[1] Guyau, *Morale d'Épicure* (1880), p. 271.

mystérieuse, se renouvelant sans cesse elle-même, éternelle ? Ces chimériques doctrines sont profondément oubliées aujourd'hui, et ne méritent guère qu'on se souvienne d'elles. Pourtant elles ne sont pas beaucoup plus déraisonnables que certaines rêveries de Condorcet, emporté lui aussi par le désir de déifier notre espèce et de lui faire entrevoir le ciel sur la terre.

Ainsi le cas d'Auguste Comte n'est pas isolé. La croissance qu'ont prise chez lui certaines tendances a été favorisée par l'état de l'atmosphère générale. Mais cela peut-être n'aurait pas suffi. Et le fondateur du positivisme ne cache pas l'influence exercée sur l'éclosion de la religion nouvelle par un incident de sa vie privée, par la connaissance qu'il fit de Mme Clotilde de Vaux.

C'était en 1845, et ces amours, qui demeurèrent platoniques, ne durèrent que quelques mois. Le 5 avril 1846, Clotilde s'éteignit au commencement de sa trente-deuxième année, sous les yeux de son ami. Mariée jeune à un homme qui se déshonora, elle était demeurée isolée, sentant sa vie brisée pour toujours par un malheur immérité. Elle semble avoir porté sa souffrance avec douceur. « Il est indigne des grands cœurs, disait-elle, de répandre le trouble qu'ils ressentent. » Elle avait l'esprit cultivé, des goûts littéraires, une morale de bon sens et de sentiment qui ne manquait pas de fermeté. Auguste Comte espérait l'associer à son apostolat, et la croyait destinée « à réparer les atteintes portées aux dogmes domestiques par une éloquente contemporaine (George Sand), au-dessus de laquelle le talent l'élevait autant que la vertu [1] ».

Auguste Comte lui aussi était isolé quand il rencontra celle qui devait être sa « noble et tendre patronne ». Séparé depuis trois ans de l'épouse qu'il avait choisie en 1825, et dont il ne sut pas apprécier le constant dévouement, fatigué par un travail intellectuel écrasant, menacé dans son indépendance par sa pauvreté, et venant de perdre sa place d'examinateur à l'École polytechnique, il trouva un rafraîchissement merveilleux, un oubli bienfaisant de toutes ces misères et comme un épanouissement de vie nouvelle dans la tendre sympathie de cette jeune femme, malheureuse et belle.

L'impression fut si profonde qu'il en vécut pendant tout le reste de ses jours. Il adresse des dédicaces à sa « sainte », à sa « Béatrice », dans un style pesant et bizarre qui convient encore moins aux amants qu'aux philosophes. Il lui dit par exemple [2] : « Notre incomparable année de vertueuse tendresse réciproque m'a laissé beaucoup de purs et nobles souvenirs, fortifiés par une correspondance caractéristique. Je les

---

1. A. Comte, *Discours sur l'ensemble du positivisme*, p. 262.
2. *Système de politique positive*, dédicace.

ranimerai davantage... par un culte continu, à la fois quotidien, hebdomadaire et bientôt annuel. Ce trésor d'affections constitue la principale ressource de ma vie intime... Adieu, ma sainte Clotilde, toi qui me tenais lieu à la fois d'épouse, de sœur et de fille ! Adieu, mon élève chérie et ma digne collègue ! Ton angélique inspiration dominera tout le reste de ma vie, tant publique que privée, pour présider encore à mon inépuisable perfectionnement, en épurant mes sentiments, agrandissant mes pensées et ennoblissant ma conduite. » — Et il démontre sans cesse, avec une insistance déplaisante, combien cette affection servira ses travaux, à lui, et sera utile à sa propre gloire. S'il n'avait pas rencontré son « immuable compagne », il n'aurait pu « développer convenablement cette réaction du cœur sur l'esprit devenue indispensable à l'ensemble de sa mission ».

Ce qu'enseigne le cœur, c'est à *vivre pour autrui ;* et cette formule contient toute la morale d'Auguste Comte. Voilà un précepte qu'on peut considérer comme le résumé du christianisme pratique, et qu'avait déjà entrevu la sagesse païenne. N'est-ce pas l'une des fleurs les plus délicates de la culture antique, l'une de celles qui gardent le mieux leur parfum, malgré les siècles écoulés, que ce vers venu de l'ancienne Grèce, recueilli par hasard chez le compilateur Stobée, et attribué à Ménandre :

Τοῦτ᾽ ἐστὶ τό ξῆν οὐχ ἑαυτῷ ξῆν μόνον ?
(Ce n'est pas vivre que vivre pour soi seul.)

Obéissant à la même inspiration, Saint-Simon avait donné pour épigraphe à son *Nouveau christianisme* ces sentences : « Celui qui aime les autres a accompli la loi. Tout est compris en abrégé dans cette parole : tu aimeras ton prochain comme toi-même. »

Le positivisme prétend modifier et perfectionner la notion traditionnelle de la charité. Il donne pour objet à notre culte non pas tels ou tels hommes, mais l'ensemble des générations qui ont passé et qui passeront sur la terre : elles forment un tout, le Grand-Être. C'est l'un des principaux axiomes de la nouvelle philosophie que « l'ensemble seul est réel ; les parties, à vrai dire, n'existent pas[1] ».

« L'amour de l'humanité, dit Littré[2], est né parmi les générations modernes, et n'a pu naître que parmi elles. Il faut le distinguer de l'amour des hommes, si noblement fondé par le christianisme, et que nous recevons comme notre meilleur héritage. L'amour des hommes est cette charité qui les porte à se secourir les uns les autres, et à se traiter en amis et en frères. L'amour de l'humanité, qui comprend en soi

---

1. Littré, *Application de la philosophie positive au gouvernement*, p. 108.
2. *Auguste Comte et la philosophie positive.*

l'amour des hommes, est cet intérêt vif et puissant, bien qu'impersonnel, qui nous attache à son progrès, à ce qu'elle sera dans l'avenir, qui nous donne une joie profonde quand cette grande cause prospère, et une non moins grande tristesse quand elle subit quelques revers, et qui nous fait tant désirer de contribuer, pour si peu que ce soit, à cette œuvre reçue de nos aïeux, transmise à nos descendants. »

Altruisme, c'est-à-dire amour de l'humanité, voilà quel est le principe de la religion nouvelle. Mais il y a aussi un culte positif. C'est, dit le docteur Robinet [1], « une idéalisation continue de la vie humaine, une culture permanente de la sociabilité. Du berceau jusqu'à la tombe, il développe notre altruisme : il nous offre une conception meilleure et plus synthétique du Grand-Être qui nous domine ; il nous ouvre les voies d'une activité subjective plus élevée que celle de la vie réelle ».

Faut-il parler de tous les rites dont l'observation est prescrite par Auguste Comte à ses fidèles ? Les rêveries de ce grand esprit surmené et extraordinairement infatué de lui-même sont parfois bien étranges. On y saisit une passion désordonnée d'unité, de systématisation, une absence complète du sens du ridicule, et un amour frénétique de la réglementation, qu'a si-

---

1. *Notice sur l'œuvre et la vie d'Auguste Comte.*

gnalés tristement Stuart Mill. Comment ne pas sourire en rappelant toutes les pratiques de dévotion que comporte le culte du Grand-Être, les prières réglées, les neuf sacrements sociaux, la glorification des trois grands hommes, César, saint Paul et Charlemagne, la malédiction solennelle des trois grands réprouvés, Julien, Philippe II, Bonaparte, le tableau sociolâtrique résumant en quatre-vingt-une fêtes annuelles l'adoration universelle de l'humanité ? Tout cela serait simplement ridicule, si l'on n'y apercevait à certains moments une parodie de la liturgie catholique. Il faut pourtant chercher s'il n'y a pas quelques idées sérieuses sous cet appareil déplaisant.

L'un des articles principaux du nouveau *credo* c'est une croyance à la force toujours croissante de l'altruisme. Le développement des instincts sympathiques est en effet conforme aux lois de l'évolution humaine. Il est la condition et le résultat du développement même de la vie sociale. Les instincts égoïstes, au contraire, sont nécessairement entravés et réprimés. S'ils se donnaient libre carrière, il n'y aurait plus ni famille, ni patrie. La morale positive associe donc nos efforts à un mouvement qui est celui de la nature des choses, qui est la condition de l'existence et des progrès de notre espèce. Elle n'a rien de métaphysique. Elle repose sur une base expérimentale : la prépondérance de plus en plus accusée des sentiments sociaux. « Elle représente le bonheur humain, tant privé que public, comme consistant surtout dans le plus grand essor possible des affections bienveillantes, qui sont à la fois les plus douces à éprouver, et les seules dont l'expansion puisse être simultanée chez tous les individus [1]. »

Le moyen le plus actif de cultiver l'altruisme, c'est l'amour de la femme. Ici Auguste Comte est voisin de Michelet et de Toussenel, qui prêchent eux aussi la religion de l'amour. Il développe des idées saines et les élucubrations les plus bizarres avec la même assurance imperturbable, avec la même solennité pesante. C'est le « sexe affectif », dans sa triple fonction de mère, d'épouse et de fille, qui forme la meilleure personnification du Grand-Être. « Le genou de l'homme, annonce-t-on [2], ne fléchira plus que devant la femme. Notre vrai bonheur dépend surtout de notre perfectionnement moral, et celui-ci résulte principalement de l'influence de la femme sur l'homme, d'abord comme mère, puis comme épouse. Le culte à la fois public et privé de la Femme sera le premier degré du culte fondamental de l'Humanité. Nos chevaleresques ancêtres firent à cet égard d'admirables tentatives. » — Il y a dans ces dissertations des pensées qui sont justes et qui ne sont pas toutes nouvelles. Mais il n'est

---

1. *Discours sur l'ensemble du positivisme*, p. 80.
2. *Idem*, p. 253.

pas nécessaire d'être positiviste pour les accepter et elles gagneraient au contraire beaucoup à être dégagées de la pédanterie et des sottises dont on les a affublées.

A l'adoration de la femme ajoutez le culte des défunts, culte intérieur, qui repose sur l'évocation cérébrale des morts aimés. Ils n'ont plus d'existence objective ; mais ils subsistent réellement dans l'esprit et le cœur des vivants. Voilà leur immortalité. C'est un beau thème poétique, cher au positivisme. Mais sait-on dans quelle mesure les sentiments qu'il exprime demeureront, quand sera établie cette conviction qu'en réalité il ne reste rien des morts, que le néant où ils sont ensevelis ne les rendra jamais à notre affection ? Ne faut-il pas croire à l'immortalité de leur âme, espérer qu'on les retrouvera, pour vivre véritablement en leur présence, dans une mystérieuse communion avec eux ?

« Après la culture du sentiment, c'est l'art qui peut habituellement fournir les meilleurs moyens de nous rendre à la fois plus tendres et plus nobles... L'art ramène doucement à la réalité les contemplations trop abstraites du théoricien, tandis qu'il pousse noblement le praticien aux spéculations désintéressées... Dans l'ensemble de l'éducation positive, l'art ne doit pas avoir moins de place que la science [1]. » Il développe la

---

1. *Discours sur l'ensemble du positivisme*, pp. 313, 281.

vie affective, voilà son mérite capital. Il n'est pas incompatible avec les conceptions positives ; au contraire, celles-ci le renouvellent, et l'on pressent déjà qu'elles lui préparent une floraison infiniment plus belle que les merveilles du passé.

Tout ce régime moral a pour objet unique de développer la vie du cœur. C'est là en effet l'essentiel. « L'unité humaine ne peut résulter que d'une juste prépondérance du sentiment sur la raison, et même sur l'activité [1]. — On se lasse de penser et même d'agir ; jamais on ne se lasse d'aimer [2]. »

C'est au nom du cœur qu'Auguste Comte proteste contre la domination de l'esprit, contre ce qu'il appelle d'un nom qui lui paraît très heureux et qu'il a emprunté à Stuart Mill, la *pédantocratie*. L'exercice de l'intelligence est stérile et vain, si celle-ci ne se propose pour but le bonheur des hommes. Faute de se mettre au service du bien, elle s'égare dans des spéculations oiseuses et chimériques, sans suivre d'autre guide que sa curiosité vagabonde, ou une recherche égoïste de gloire personnelle. Elle exerce alors une influence malfaisante. Elle doit abdiquer au profit du cœur. Il posera les questions que l'esprit résoudra librement. « La sociabilité pour but, l'intelligence pour moyen. »

---

1. *Discours sur l'ensemble du positivisme*, p. 13.
2. *Politique positive*, t. I, p. 690.
3. *Discours sur l'ensemble du positivisme*, p. 107.

La science pour la science et l'art pour l'art sont deux formules également fausses et funestes : il faut cultiver la science et l'art pour l'humanité.

Par une tentative hardie et curieuse, on essaie de trouver une confirmation suprême pour cette morale dans les observations physiologiques. On emprunte à Gall sa théorie des localisations cérébrales, qui est aujourd'hui difficile à soutenir. Aux facultés affectives appartient la plus grande partie du cerveau (la partie antérieure et la partie moyenne). Donc elles doivent dominer la vie. Ce sont elles qui maintiennent l'unité de l'être et la coordination des actions organiques. « Les maladies résultant d'une altération de l'unité, tandis que l'unité repose essentiellement sur la sympathie, il est rigoureusement démontré que le meilleur moyen de se bien porter consiste à développer la bienveillance [1]. »

On rencontre des préoccupations analogues chez un écrivain dont la foi est bien différente, mais qui a cultivé, comme Auguste Comte, les sciences mathématiques et la philosophie, le Père Gratry. Il attribue au cœur dans le fonctionnement de l'organisme humain une place tout à fait prépondérante. Il montre qu'il y a quelque chose de supérieur à l'intelligence pure, c'est l'amour, la volonté. Il condamne le rationalisme, parce

---

1. A. Comte, *Lettres sur la maladie.*

qu'il y voit « un abus de la faculté de connaître, qui s'isole artificiellement, d'une manière totale ou partielle, de la faculté de sentir [1] ».

III

L'un des livres que préférait Auguste Comte, à la fin de sa carrière, était l'*Imitation*. Et les directeurs positivistes le recommandent encore à leurs fidèles, en leur prescrivant de remplacer Dieu par Humanité. Là aussi on dit la vanité des recherches curieuses, et l'on recommande de ne se faire gloire d'aucune science, d'aucun art. Il y aura toujours beaucoup de choses qui nous échapperont ; il faut s'attacher avant tout aux vérités pratiques. « La vraie grandeur, c'est d'avoir une grande charité [2]. »

Mais on avertit en même temps que le cœur humain est un guide très capricieux et mobile, qu'il faut s'appuyer sur quelque chose de plus ferme. « Ne vous fiez pas, dit le Maître de la vie intérieure [3], aux sentiments que vous avez : la disposition où vous êtes se changera bientôt en une autre. Tant que vous vivrez vous serez sujet au

---

1. *Connaissance de l'âme*, l. III, chap. II.
2. L. I, chap. IV.
3. L. III, chap. XXXIII.

changement, même malgré vous; tantôt joyeux, tantôt triste; tantôt dans la paix, tantôt dans le trouble; tantôt fervent, tantôt tiède; tantôt vous serez accablé, tantôt vous vous sentirez léger. Qu'importe? Au milieu de toutes ces choses qui passent, l'homme sage demeure ferme : il n'examine pas ce qu'il sent en lui-même, ni de quel côté souffle le vent de ses caprices mobiles; mais il s'applique de toute son âme à marcher vers la fin qui est la meilleure et qu'il doit se proposer. »

Ainsi il faut un autre principe, moins instable que le sentiment, pour donner un but fixe à notre vie, une direction constante à notre activité. Auguste Comte ne le fournit pas. Quelle base offre-t-il à l'altruisme, qui, pour lui, résume tous les autres devoirs? Vers quel objet nous propose-t-il de marcher? Est-ce que la vie telle qu'on nous la présente, dépouillée des immortelles espérances qui pendant des siècles avaient consolé l'humanité, vaudra vraiment la peine de vivre? Êtes-vous sûr que le bonheur incertain et lointain, qu'on rêve pour les âges futurs, paraisse une raison d'agir suffisante aux générations innombrables qui doivent encore travailler et s'anéantir dans la peine et dans la douleur?

Quant à la prépondérance du cœur sur l'esprit, les objections qu'elle soulève ont été fort bien résumées par Littré[1]. « Si M. Comte veut dire que

---

1. *Auguste Comte et le positivisme.*

l'esprit doit toujours concourir au bon et au bien, il ne fait qu'énoncer une vérité que tous les moralistes soutiennent, et que nul ne contredit. S'il veut dire que toute direction doit émaner du cœur, il aveugle, qu'on me passe l'expression, le cœur, et livre la morale à toutes les aberrations. S'il veut dire enfin que l'intelligence ne doit plus travailler pour elle-même, ni poursuivre la vérité pure et la théorie abstraite, il mutile l'humanité, et la prive de son plus puissant instrument de perfectionnement... C'est la raison qui reconnaît que les facultés altruistes doivent être particulièrement appuyées, et qui, leur prêtant un constant et fidèle secours, leur donne une consistance qu'elles n'auraient pas autrement... Ce qui fait le caractère des facultés intellectuelles à l'égard des facultés affectives, de la raison à l'égard des passions, de l'*esprit* à l'égard du *cœur*, c'est l'impersonnalité qui appartient aux facultés intellectuelles, à la raison, à l'esprit. L'impersonnalité seule était capable d'obtenir de la personnalité les concessions successives qui constituent le développement de la morale.»

Voilà une observation profondément juste. N'est-ce pas la raison qui nous permet de nous abstraire de nous-mêmes et qui nous rend capables de contemplations désintéressées ? Elle peut être considérée comme une sorte d'affranchissement du moi, des impressions subjectives. Donc le cœur, loin de la traiter avec défiance, doit chercher en elle un point d'appui et un guide.

Si bizarre que paraisse, avec tous ses rites et tous ses rêves, la religion qu'Auguste Comte a prétendu fonder, et qui compte encore quelques fidèles, est-elle aussi éloignée qu'on le suppose au premier abord du positivisme proprement dit[1] ? Celui-ci interdit à la raison de traiter les hautes questions de métaphysique qui sont le fondement de la morale. Il est tout naturel que le sentiment s'en empare, et règne souverainement dans cet empire où le maître légitime a abdiqué. Le champ est libre à toutes ses fantaisies.

M. Taine a bien signalé ce danger, à propos de Stuart Mill. « En retranchant de la science, dit-il, la connaissance des premières causes, c'est-à-dire des choses divines, vous réduisez l'homme à devenir sceptique, positif, utilitaire, s'il a l'esprit sec, ou bien mystique, exalté, méthodiste, s'il a l'imagination vive. Dans ce grand vide inconnu que vous placez au delà de notre petit monde, les gens à tête chaude ou à conscience triste peuvent loger tous leurs rêves, et les hommes à jugement froid, désespérant d'y

---

1. M. Ollé Laprune (Préface du livre du R. P. Gruber, sur *Auguste Comte, sa vie et sa doctrine*, traduit par l'abbé Mazoyer. Paris, 1892) a bien montré qu'il n'y a pas solution de continuité entre le *Cours de philosophie positive* et le *Système de politique positive*. C'est le même dessein de renouveler toutes choses en se passant de Dieu, de créer une foi et une église qui remplacent le christianisme.

rien atteindre, n'ont plus qu'à se rabattre dans la recherche des recettes pratiques qui peuvent améliorer notre condition.» — C'est dire que, la métaphysique supprimée, il n'y a que deux morales possibles, celle du sentiment et celle de l'intérêt bien entendu, toutes deux insuffisantes. Auguste Comte a choisi la première, se laissant guider par des aspirations généreuses, mêlées malheureusement d'étranges folies.

Si ces spéculations avaient été mieux dirigées, servies par un cerveau moins surmené, et dégagées d'une infatuation insupportable de pontife laïque, peut-être auraient-elles fini par faire apercevoir à Auguste Comte quelques vérités que sa raison avait d'abord méconnues. Celui qui plaçait l'essence de l'homme dans les facultés affectives, dans l'amour, était-il très éloigné de reconnaître les réalités qui sont l'objet de la métaphysique ? Il reprochait au matérialisme d'être l'explication du supérieur par l'inférieur. « Profonde formule, dit M. Ravaisson, qui restera pour son auteur l'un des principaux titres au nom de philosophe. » Mais il n'a pas su en tirer toutes les conséquences qu'elle comporte. Chez lui, le sentiment est trop audacieux, et la raison trop timide.

CHAPITRE VIII

JOHN STUART MILL (1806-1873)

I

Avec Stuart Mill le culte de l'humanité se dégage des prescriptions minutieuses, des rites fixes et souvent bizarres dont son fondateur prétendait l'affubler. Mais le principe sur lequel repose la religion nouvelle subsiste. Le philosophe anglais recommande de lire le *Système de politique positive*. Cette œuvre, affirme-t-il, malgré ses graves imperfections, « montre surabondamment la possibilité de donner au culte de l'humanité, sans même faire appel à la croyance à la Providence, la puissance matérielle et l'efficacité sociale d'une religion. Ce culte peut s'emparer de la vie humaine, en colorer la pensée, le sentiment, l'action, avec une puissance dont la religion n'aura pu que donner une idée, une sorte d'avant-goût. Le danger alors sera, non pas que ce système soit insuffisant, mais bien qu'il soit excessif, et qu'il entre mal à propos en conflit avec la liberté de l'homme, avec son individualité [1] ».

Dans cette dernière réflexion, on retrouve la clairvoyance de l'auteur du livre sur *La liberté* et le caractère de l'esprit anglais, qui ne craint pas de limiter les principes qu'il pose. Mais dans cet enthousiasme de dévouement au genre humain, qui est l'inspiration dominante de ces lignes caractéristiques, reconnaît-on aussi facilement un disciple de la morale utilitaire ?

Le véritable maître de Stuart Mill, celui qui exerça le plus d'influence sur sa pensée et sur sa vie, fut pourtant Bentham. Et l'on est étonné au premier abord de voir sortir une morale de charité d'un système qui paraissait être la régularisation de l'égoïsme, d'entendre parler de sentiment quand on craignait que la vertu ne fût réduite à une affaire de calcul.

Le sentiment tient une grande place dans la philosophie morale de Stuart Mill. Mais il n'y joue pas du tout le même rôle que chez Rousseau ou Jacobi. Ce n'est plus une sorte de révélation intérieure, un guide inspiré permettant d'atteindre des vérités qui échappent à la science et au raisonnement. C'est un phénomène psychologique, dont l'apparition est parfaitement explicable, et qui n'a rien de mystérieux. Seulement, cette force pouvant être utile dans la vie hu-

---

1. *Utilitarisme*, p. 62.

maine, on étudiera son jeu, afin de la développer et de la diriger comme il faut.

Stuart Mill soumet la conscience à une analyse rigoureuse. Il est l'adversaire déterminé de l'école intuitive. Pour lui, tout vient de l'expérience ; nous ne connaissons que ce qu'elle nous révèle, des liaisons de faits. Nos sentiments moraux, pas plus que les prétendus principes de la raison, ne sont innés : ils sont acquis. On doit y voir non pas une sorte de perception transcendante, une communion mystique aux vérités éternelles, mais simplement une résultante de l'hérédité, de l'éducation, des associations d'idées et d'émotions.

Le point de départ, le fait primitif, c'est le désir que nous avons tous d'être heureux, de trouver le plaisir, d'éviter la douleur. Mais l'homme n'est pas un être isolé. Il naît et grandit dans la famille ; il travaille et vit dans la société. De là des dépendances réciproques, l'obligation de tenir compte d'autrui, et les instincts sympathiques. L'intérêt social et l'intérêt individuel se combinent : ils impriment dans l'âme des tendances dont la force s'accroît sans cesse. On ne fait pas assez attention à l'influence que peuvent exercer l'autorité des idées reçues, le souci de l'opinion publique et l'éducation. Quand on y songe, la genèse de la conscience s'explique. On comprend aussi qu'elle se développe avec le temps. « Lorsque l'esprit humain est en progrès, les influences qui provoquent chez l'homme le sentiment de son union avec ses semblables doivent devenir chaque jour plus fortes ; ce sentiment d'union, s'il était parfait, ferait que l'individu ne concevrait ou ne désirerait jamais une condition heureuse dont ses semblables ne profiteraient pas [1]. »

Si l'on voit dans les sentiments les plus élevés de l'âme non plus des fleurs écloses spontanément, mais la création de l'humanité, sont-ils pour cela moins sacrés et moins doux ? C'est une raison de plus, répondrait sans doute Stuart Mill, pour les garder avec sollicitude, pour les développer avec amour. Ils sont ce qui reste de meilleur et de plus vivant des générations qui nous ont précédés. Aujourd'hui, cette exquise floraison dépend de nos soins et elle peut devenir, grâce à notre labeur, plus belle encore pour ceux qui vivront après nous. Cultivons donc notre âme ; et non seulement l'intelligence, mais aussi l'imagination et la sensibilité.

Or, « il faut des principes pour diriger la culture de l'imagination et pour la régler, d'une part en vue de l'empêcher de troubler la rectitude de l'intelligence et la bonne direction des actions et de la volonté, et, d'autre part, afin de l'employer comme force pour accroître la somme de bonheur de la vie et donner de l'élévation au

---

1. *Utilitarisme.*

caractère [1] ». Cette théorie est le fondement de toute éducation rationnelle, et Stuart Mill la signale comme l'une des questions les plus importantes et les plus pratiques qui occuperont les moralistes de l'avenir.

Personne n'a mieux compris que le maître du positivisme anglais combien il faut se préoccuper d'entretenir dans l'âme le goût des plaisirs élevés. « La culture des sentiments est un des points cardinaux de sa croyance morale et philosophique [2]. » La disposition aux nobles sentiments, observe-t-il [3], « est dans beaucoup de natures une plante délicate, facilement détruite par les influences hostiles et surtout par le manque de culture... Les hommes perdent leurs aspirations nobles, comme ils perdent leurs goûts intellectuels, parce qu'ils n'ont pas le temps ou l'occasion de les cultiver ». Ces réflexions amènent à comprendre une vérité que les premiers utilitaires ne soupçonnaient guère : c'est que la poésie et l'art ont une influence bienfaisante à exercer sur l'éducation de l'homme. Nous sommes loin de Bentham : pour lui le principal effet de la poésie était de fausser les idées.

C'est pourtant au système utilitaire que Stuart Mill demande les raisons qui doivent nous décider à développer ces instincts supérieurs. C'est

---

1. *Théisme.*
2. *Mémoires*, chap. v.
3. *Idem*, chap. v.

son autorité qu'il invoque pour nous prescrire cette haute culture morale. Afin d'arriver à ce résultat, il transforme la morale de l'intérêt par une distinction fort ingénieuse. Ce que nous devons considérer, dit-il, dans cette recherche du bonheur, qui est la règle de notre conduite, ce n'est pas seulement la quantité, c'est la *qualité* des plaisirs. Ceux-là seuls qui ont l'expérience des plaisirs supérieurs pourront dire lesquels doivent être préférés.

Or, « il est un fait incontestable : ceux qui connaissent et apprécient deux manières de vivre donnent une préférence marquée à celle qui met en jeu leurs facultés les plus élevées. Peu de créatures humaines accepteraient d'être changées en animaux les plus bas, si on leur promettait la complète jouissance des plaisirs des bêtes ; aucun homme intelligent ne consentirait à devenir imbécile, aucune personne instruite à devenir ignorante et basse, même si on leur persuadait que l'imbécile, l'ignorant, l'égoïste sont plus satisfaits de leurs lots qu'elles des leurs... Il vaut mieux être un homme malheureux qu'un porc satisfait, être Socrate mécontent plutôt qu'un imbécile heureux. Et si l'imbécile et le porc sont d'un avis différent, c'est qu'ils ne connaissent qu'un côté de la question [1] ».

Ainsi l'on passe de l'intérêt personnel à la

---

1. *Utilitarisme*, chap. II.

charité, les plaisirs sympathiques étant supérieurs aux plaisirs égoïstes. On a recours au jugement d'une sorte de spectateur impartial et ayant l'âme bien faite, qui rappelle celui d'Adam Smith. Le système se trouve merveilleusement ennobli. Il ne s'agit plus de notre avantage personnel, mais du bien de tous nos frères. « Entre le bonheur propre de l'individu et celui des autres, l'utilitarisme exige que l'individu soit aussi strictement impartial qu'un spectateur désintéressé et bienveillant. Dans la règle d'or de Jésus de Nazareth, nous trouvons l'esprit complet de la morale de l'utilité. Faire aux autres ce qu'on voudrait que les autres fassent pour vous, aimer son prochain comme soi-même : voilà les deux règles de perfection idéale de la morale utilitaire [1]. »

La seule critique qu'on soit tenté d'adresser à ces hautes théories, c'est qu'elles semblent peu en harmonie avec la philosophie qu'elles prétendent couronner. Est-il probable que la conscience, après l'analyse dissolvante à laquelle on la soumet, garde son prestige et son autorité? Est-ce que le principe du déterminisme universel peut ne pas entamer, avec la notion de notre responsabilité, l'énergie des efforts qu'exige la vertu? Stuart Mill ne se laisse pas arrêter par ces difficultés. Il se flatte de sau-

---

[1]. *Utilitarisme*, chap. II.

ver la charité, tout en prenant l'égoïsme pour point de départ. Il voit dans chacun de nos actes la suite inévitable des circonstances et de nos dispositions intérieures. Mais en même temps il entend maintenir cette conviction bienfaisante qu'il dépend de nous de coopérer à la formation de notre propre caractère, de le modifier, si nous le voulons. Ces tentatives hardies pour rattacher à certains principes des conséquences tout à fait inattendues font songer à cette boutade de Stanley Jevons, qui disait de l'auteur du *Système de logique* : il a l'esprit essentiellement illogique.

II

Logique ou non, ce qu'il y a d'attachant chez Stuart Mill, ce sont les efforts qu'il fait pour ressaisir par le cœur ce qu'il a détruit par l'analyse intellectuelle.

Il aime à montrer que le meilleur moyen de trouver le bonheur c'est de ne pas le chercher. « Ceux-là seulement sont heureux qui ont l'esprit tendu vers quelque autre objet que leur propre bonheur. » Ce qui gâte la vie, ce qui empêche d'en goûter la beauté, c'est, avec l'insuffisance de culture intellectuelle, notre habituel égoïsme. Voilà pourquoi l'existence paraît parfois triste et décolorée, surtout aux approches de la mort. « Au contraire, ceux qui doivent laisser derrière eux des affections personnelles, ceux qui ont cultivé l'amitié ou l'amour plus général des hommes, conservent jusqu'à la mort l'intérêt qu'ils prenaient à la vie dans toute la vigueur de leur jeunesse et de leur santé [1]. »

Nous ne savons rien de ce qui dépasse l'expérience; mais ces questions, que la religion prétend résoudre, demeurent ouvertes, et il ne faut pas les fermer par des négations téméraires. « Le mode positif de penser n'est pas la négation du surnaturel : il renvoie simplement cette question à l'origine de toutes choses. » Quant à notre destinée future, « il n'y a, aux yeux de la science, aucune preuve positive contre l'immortalité de l'âme ». Il est donc permis d'échapper à la tristesse déprimante qui envelopperait l'existence, si l'on s'arrêtait habituellement à cette pensée que la vie est chose de médiocre valeur et vile, qu'elle ne vaut pas la peine qu'elle cause. Il est raisonnable de « laisser l'imagination se porter de préférence vers les solutions possibles qui sont à la fois les plus propres à nous consoler et à nous rendre meilleurs [2] ».

Ne peut-on pas, en reliant notre existence passagère à celle de l'humanité, nourrir ces aspirations supérieures que satisfont les croyances reli-

1. *Utilitarisme.*
2. *Essais sur la religion.*

gieuses, ce « besoin de conceptions idéales plus grandes et plus belles que celles que nous voyons se réaliser dans la vie prosaïque » ? Notre existence chétive et resserrée est perdue dans l'espace infini, dans le temps infini. Mais cette immensité mystérieuse stimule notre imagination. Permettons-lui d'élargir et d'élever nos sentiments. Il faut envelopper de poésie notre labeur éphémère en le rattachant au passé, à l'avenir. Notre vie n'est-elle pas agrandie par cette large sympathie ? Se dire qu'on a la faculté de travailler, si peu que ce soit, au bonheur de l'humanité, et de hâter le triomphe du bien, n'est-ce pas la pensée la plus fortifiante qui puisse soutenir notre activité ? Quel meilleur appui, dans les moments de découragement, que « l'approbation idéale de tous ceux, vivants ou morts, que nous admirons ou que nous vénérons » ?

De même pour le christianisme. Sans reconnaître la divinité du Christ, ne peut-on conserver l'empire salutaire exercé sur les âmes par cette apparition sublime ? Qu'il demeure le représentant idéal et le guide de l'humanité. Ce vœu de Stuart Mill n'est pas une réminiscence de ses impressions d'enfant : il avait été élevé en dehors de toute croyance religieuse. C'est dans son *Essai sur le théisme*, qui exprime le dernier état de sa pensée réfléchie et comme la conclusion de sa vie, qu'il écrit les lignes suivantes : « De quelque croyance que la critique rationnelle nous dépouille, le Christ nous reste, figure unique qui s'élève autant au-dessus de ses précurseurs que de ses successeurs. Il ne serait pas facile même aujourd'hui à un incrédule de trouver une meilleure façon de traduire la règle de la vertu de l'abstrait en concret que d'essayer de vivre de telle sorte que le Christ approuvât sa vie. »

Ces efforts de Stuart Mill, pour respecter et conserver ce qu'il aperçoit de bienfaisant et d'élevé dans des convictions qu'ils ne partage pas, révèlent une nature morale supérieure à son système. Et cette honnêteté d'âme s'accuse aussi dans sa vie.

Elle est simple et unie, toute consacrée au travail. Il est élevé avec grand soin par son père ; il connaît Bentham ; il passe trente-cinq ans dans les bureaux de la Compagnie des Indes ; il entre au Parlement, en 1868, sans avoir dépensé un sou, ni renié une seule de ses convictions ; il n'est pas réélu.

Stuart Mill a raconté dans ses *Mémoires* la crise douloureuse qu'il avait traversée durant l'hiver de 1826-1827. Dans l'incertitude de ses convictions philosophiques, il n'apercevait plus aucune raison de vivre ni d'agir. Il avait perdu la lumière et la paix. Ce qui l'aida à sortir de ce découragement mortel, ce fut le récit d'un acte de dévouement lu, par hasard, dans Marmontel. Servir les hommes lui parut être une raison suffisante de vivre. Il trouva aussi un grand secours dans la poésie de Wordsworth. Il reprit goût à l'existence et au travail. Mais il garda toujours un fond de sensibilité délicate et de mélancolie.

En 1830, il rencontra celle qui lui donna l'amitié la plus précieuse de sa vie et qu'il épousa vingt ans après. Il se plaisait à dire qu'il lui devait ce qu'il y avait de meilleur dans son intelligence et dans son cœur. Il la perdit en 1858, à Avignon. Et puis il finit de vivre en cherchant à sentir encore sa femme près de lui, travaillant à faire ce qu'elle aurait approuvé. Il avait acheté une maison de campagne non loin du lieu où elle était ensevelie; il y passait une grande partie de l'année, et c'est là qu'il mourut, au mois de mai 1873.

Son grand mérite de moraliste, malgré les lacunes de sa conception du devoir, c'est d'avoir montré l'insuffisance d'une culture purement intellectuelle, d'avoir mis en relief cette vérité d'expérience que, dans une bonne hygiène de l'âme, il faut exercer non seulement la faculté de connaître, mais aussi la faculté d'aimer.

CHAPITRE IX

RALPH WALDO EMERSON (1803-1882)

I

Emerson représente moins une doctrine qu'une disposition d'âme, une méthode de vie. Il avait horreur des théories fixes, arrêtées, qui se croient définitives. Il lui semblait que c'est une vanité insupportable de prétendre enfermer la nature dans nos systèmes bornés. Voilà pourquoi Montaigne [1] le séduisait, avec sa curiosité sans cesse ouverte, avec sa défiance des certitudes trop assurées. Il voulait qu'on fût toujours prêt à recevoir des révélations nouvelles, et qu'on ne se fixât pas de point d'arrêt dans cette ascension indéfinie vers la lumière. S'établir dans un système fermé, comme ceux de Cousin ou de Schelling [2], n'est-ce pas renoncer pour l'avenir à la

---

1. *Lectures and biographical sketches.* Education.
2. *Representative men*, chap. IV. Montaigne ou le sceptique Voir aussi chap. II : Platon ou le philosophe.

libre recherche de la vérité? « Nous ne pouvons pénétrer jamais assez avant dans les sphères de l'âme pour toucher le point extrême où de plus hautes visions ne se présenteront plus à nous [1]. »

Cette sincérité perpétuelle et cette richesse d'espérance ont donné à la vie d'Emerson un caractère particulier de paix et de douceur. Né, à Boston, d'une famille qui avait déjà fourni huit générations de pasteurs, il suit d'abord la tradition paternelle ; mais à vingt-neuf ans il résigne sa charge, et se sépare sans haine de ceux dont il ne partage plus la foi. Veuf après deux années de mariage, il fait un grand voyage en Europe, et visite Carlyle (1833). En 1835, il se remarie ; il achète, à Concord [2], une maison qui touche à la campagne, et qui sera sa résidence définitive. On aimait à le rencontrer dans ses promenades, simple, bienveillant, s'intéressant à tous. « Il était impossible d'habiter dans son voisinage sans respirer plus ou moins l'air vivifiant des sommets où habitait sa pensée [3]. » Loin de se refuser à ses devoirs sociaux, il les remplissait avec une bonne grâce charmante. L'éclosion de la vie chez ses enfants lui semblait plus intéressante que tous les livres ; et il en notait les détails, comprenant que rien n'est insignifiant dans la for-

---

[1]. *Essays.* Circles.
[2]. A 34 kilom. N.-O. de Boston.
[3]. Hawthorne, *Mosses from an Old House.* New-York, 1850, p. 28.

mation d'une âme. L'un de ses meilleurs poèmes *Threnody* est consacré au souvenir d'un fils mort à cinq ans. Mais les « lectures » qu'il donnait et les livres qu'il publiait lui faisaient des amis de plus en plus nombreux. Sa maison brûla en 1872, et l'année suivante, revenant d'un troisième voyage en Europe, il la trouva rebâtie par les soins de ses admirateurs ; on le reçut en triomphe à Concord. Chez ce vieillard aux yeux admirablement profonds et bleus, comme ceux de certains marins, l'âme semblait se refléter sur le visage et attirait naturellement la sympathie.

Son œuvre n'a rien de didactique. Il lisait moins en érudit qu'en artiste, qui cherche des impressions, des sentiments, des aspects nouveaux, faisant penser et rêver. Il jetait ses idées sur le papier, à mesure qu'elles lui venaient, au gré de l'inspiration, comme des fleurs qu'on cueille au hasard de la promenade et que plus tard on rassemble en gerbe. Il aimait à travailler le matin, par les belles journées d'été, après avoir prié ou lu du Platon [1]. Le spectacle de la nuit étoilée lui gardait des trésors de paix et de sérénité. Il avait confiance non pas dans ses travaux, mais dans les choses qu'il aimait. Il écrivait souvent des vers. « Vous ne pouvez pas, disait-il, exprimer en prose des vérités idéales, sans qu'on vous contredise ; vous le pouvez en vers... Un

---

1. *Lettre à Carlyle*, 1ᵉʳ juillet 1842.

philosophe n'est qu'un poète manqué [1]. » Dans ses nombreux ouvrages [2], il y a des pages de moraliste, d'historien, de critique, d'artiste ; il n'y a pas un seul livre de philosophie proprement dite. Et pourtant Emerson demeure le penseur le plus original qu'ait encore produit l'Amérique, l'un des plus grands esprits du xix° siècle, parce que, pour beaucoup de cœurs, il a rendu plus vivante et plus ardente cette flamme intérieure, qui est le principe de la morale et de toute vraie philosophie.

II

Vers la fin de 1836, se groupèrent autour d'Emerson de jeunes esprits dégoûtés du sensualisme, mal satisfaits des doctrines des diverses confessions protestantes, attirés par la poésie mystérieuse de Coleridge et les vues hardies de Carlyle. Ce petit cénacle fut bientôt connu sous le nom de *Transcendental Club.*

Comme doctrine, le transcendantalisme se rat-

---

1. *Letters and social aims.* Poetry and imagination.
2. *Emerson's complete works.* New-York, 1888 ; t. I, *Nature;* t. II et III, *Essays;* t. IV, *Representative men;* t. V, *English Traits;* t. VI, *The conduct of life;* t. VII, *Society and solitude;* t. VIII, *Letters and social aims;* t. IX, *Poems;* t. X, *Lectures and biographical sketches;* t. XI, *Miscellanies.*

tachait, par la théologie de Parker, à la pensée de Kant. On embrassait avec vigueur, on exprimait avec éloquence la thèse de l'intuition, de la spontanéité de l'âme [1]. Mais c'était bien autre chose qu'un système philosophique. C'était une sorte de renaissance de la vie intérieure, une poussée de sentiment se faisant jour, comme il arrive de temps à autre, à travers la rigidité de l'esprit puritain. On pouvait y reconnaître la dernière vague du romantisme qui, après avoir remué l'Europe pendant un demi-siècle, finissait par atteindre le rivage du Nouveau-Monde [2]. Même confiance dans la révélation intérieure, dans la souveraineté de la conscience individuelle ; même impatience du convenu et de l'autorité ; mêmes espérances indéfinies promettant un âge d'or à l'humanité affranchie.

Ne prenez pas le transcendantalisme d'Emerson pour un sentimentalisme vague, pour une simple exaltation du moi. Il a moins que personne l'idolâtrie de ses impressions personnelles. Ce qu'il entend par intuition, c'est l'état de l'esprit toujours ouvert aux inspirations nouvelles, préférant à son propre repos la poursuite jamais satisfaite de la vérité, s'attachant au vrai dans ses manifestations présentes, sans vouloir se tenir à ses

---

[1]. Boutmy, *Revue bleue*, déc. 1890. Le sentiment religieux aux Etats-Unis.

[2]. J.-E. Cabot, *A memoir of R. W. Emerson*. New-York, 1887, t. I, pp. 253, 265.

manifestations passées. Il sent le monde immense, sans bornes, gardant des surprises et des joies infinies aux yeux qui savent voir. Toutes nos conclusions ne sont que provisoires. Dans cette marche continue, le mieux prépare le mieux, et celui qui prétend s'arrêter, qui refuse d'aller plus loin, s'attache à sa propre pensée, stérile et morte, oublieux de la réalité vivante. Il faut être docile aux révélations incessantes de l'Esprit. Cette disposition à recevoir toujours ses inspirations constitue la vraie santé morale. C'est un mélange de sincérité courageuse, de confiance et d'humilité.

Quel est le fondement de cette foi ? L'âme elle-même, dans son activité intime. Croyez à votre âme [1], au mouvement qui est sa vie, et qui la porte vers quelque chose de plus grand qu'elle-même. Apprenez à découvrir en cette lumière intérieure, qui est au dedans de nous, et que nous n'avons pas faite, comme un reflet du divin. Laissez-vous conduire par elle, et ne tenez pas compte de tout le reste. Mettez votre gloire à être une argile docile entre les mains du Tout-Puissant. Faites ce que dit Jésus pour prier : recueillez-vous, et vous trouverez Dieu, la paix, la force, des trésors de joie et d'amour. Écoutez votre cœur, et obéissez. Voilà comment on pourrait résumer les pensées maîtresses qui inspirent Emerson.

---

1. Voir surtout dans les *Essays* : *Self reliance*.

Sans doute ces conseils ne seront entendus que de ceux qui veulent bien les suivre. Mais n'en est-il pas toujours ainsi ? Pouvons-nous trouver un autre fondement à la certitude et à la vertu que ce consentement à ce que nous apercevons de meilleur? Il y a un scepticisme irréductible sur lequel aucun argument n'a prise et dont le principe est la source de tout mal. Il consiste à refuser de croire à son âme et de s'en servir, à se détourner de la lumière et à repousser la vie supérieure qui s'offre. Les meilleurs raisonnements ne suffisent pas à guérir cette maladie.

Le transcendantalisme excita des railleries que méritaient quelques-uns de ses adeptes. Les gens pratiques lui reprochaient de rendre leurs fils impropres aux affaires, et leurs filles à la vie du monde, sans leur donner aucune autre aptitude [1]. Mais les produits matériels suffisent-ils à tout? Ils ne sauraient entretenir seuls le principe même de cette activité humaine si merveilleusement féconde. C'est une richesse aussi qu'une conception nouvelle de la nature, de la société, de la religion.

1. J.-E. Cabot, t. I, p. 266.

III

Le premier livre qui révéla le génie d'Emerson, et qui parut en 1836, avait pour titre : *Nature*. Il reposait sur cette idée que la force qui nous dépasse et dont nous avons conscience en nous-mêmes, est aussi celle qui se manifeste dans l'univers extérieur. Voilà pourquoi un constant parallélisme règne entre les lois de ces deux mondes, pourquoi tout ce qui développe la connaissance de l'un développe la connaissance de l'autre. La nature n'est pas seulement la source inépuisable à laquelle nous demandons les biens qui entretiennent notre corps, le spectacle dont la grâce infinie et jeune éternellement satisfait notre intime désir de beauté. C'est un langage qui nous parle de l'âme, qui exprime avec une richesse merveilleuse ses pensées profondes, qui nous apprend que tout est un sous l'apparente diversité des phénomènes. « La nature est le symbole de l'esprit... La création visible est comme la limite, la circonférence du monde invisible [1]. » L'esprit est la vraie réalité [2] ; les phé-

---

[1]. *Nature, Language.*
[2]. *Les lois de la vie*, VI. L'adoration.

nomènes extérieurs n'en sont que le vêtement changeant.

Ne sommes-nous pas en plein idéalisme ? Emerson ne craint pas d'affirmer que Swedenborg est le meilleur traducteur de la nature en pensée [1]. La doctrine de Berkeley, qu'il admire et qu'il rattache à l'enseignement du Christ, est pour lui l'expression d'un fait, « à savoir : que la nature tout entière est la rapide émanation du bien agissant et s'organisant lui-même [2] ». Mais en même temps il est facile d'apercevoir qu'on n'est pas très éloigné du monisme et du transformisme contemporains, avec ce transcendantalisme hardi qui montre partout un seul esprit, à travers la mobilité des apparences sensibles.

A première vue, Emerson semble bien peu rapproché de M. Taine avec lequel il fit connaissance personnelle, pendant son dernier voyage en Europe. Et pourtant qu'on se rappelle les pages si merveilleusement riches de poésie dans lesquelles le philosophe français dévoile ce qui lui paraît être vraiment le fond des choses. Il ne s'agit plus de formules abstraites, mais « des forces vivantes, mêlées aux choses, partout présentes, toujours agissantes, véritables divinités du monde humain, qui donnent la main au-dessous d'elles à d'autres puissances maîtresses de la matière comme elles-mêmes le sont de l'esprit, pour

1. *Essais*, 2ᵉ série, I. Le poète.
2. *Idem*, 1ʳᵉ série, X. Cercles.

former toutes ensemble le chœur invisible dont parlent les vieux poètes qui circule à travers les choses et par qui palpite l'univers éternel [1] ». Pour qui sait voir « regarder c'est prier ». Le sentiment religieux, « c'est le don de voir les choses en grand et en bien; c'est la divination délicate qui, à travers le tumulte des événements et les formes palpables des objets, saisit les puissances génératrices et les lois invisibles; c'est la faculté de comprendre les dieux intérieurs qui vivent dans les choses et dont les choses ne sont que les dehors [2] ». — « Le monde forme un être unique [3]. » — « Qui ne se sentira ému d'admiration au spectacle de ces puissances grandioses qui, situées au cœur des choses, poussent incessamment le sang dans les membres du vieux monde, éparpillent l'ondée dans le réseau infini des artères et viennent épanouir sur toute la surface la fleur éternelle de la jeunesse et de la beauté? Qui ne se trouvera ennobli en découvrant que ce faisceau de lois aboutit à un ordre de formes, que la matière a pour terme la pensée, que la nature s'achève par la raison, et que cet idéal auquel se suspendent, à travers tant d'erreurs, toutes les aspirations de l'homme, est aussi la fin à laquelle concourent toutes les forces

---

[1]. *Essais de critique*, préface, p. XIX.
[2]. *Idem*, pp. 402, 403.
[3]. *Philosophes classiques*, p. 370. Voir le magnifique développement qui suit et qui termine l'ouvrage.

de l'univers [1]? » — Emerson n'a pas dit autre chose. Pour lui « l'univers n'est que la manifestation extérieure de l'esprit [2] ». Il consacre l'un de ses essais les plus caractéristiques à l'esprit suprême, *the over-soul*, qui est dans l'homme, que l'homme n'a pas fait et qui est l'âme du monde.

Tout se tient et se transforme. « Cette circulation divine ne connaît ni arrêt ni retard. La nature est l'incarnation de la pensée, et retourne en pensée, comme la glace en eau et en gaz [3]. » — « De même que l'oiseau vient se poser sur une branche, et puis reprend son vol dans les airs, ainsi les pensées de Dieu ne s'arrêtent qu'un instant dans chaque forme [4]. » — « Ce que nous appelons sentiment et volonté dans notre esprit est ce qui travaille dans la nature, comme une loi irrésistible, ce qui agit dans les nations, dans les êtres vivants, qu'ils pensent ou non, et jusque dans le règne inorganique. Voyez la végétation d'un marais des tropiques sous les rayons du soleil : du dehors vous entendez chanter les oiseaux d'été ; vous voyez briller les gouttes de rosée ; mais pénétrez dans l'intérieur : tout est horrible, plein de monstres rampants et de cro-

---

1. *Littérature anglaise*, IV, 423. M. Taine, rapporte M. J.-E. Cabot (t. II), a offert cet ouvrage à Emerson lors de son dernier voyage en Europe (1872-3).
2. *Essais*, 2ᵉ série, I. Le poète.
3. *Idem*, 2ᵉ série, VI. Nature.
4. *Complete works*, t. VIII, p. 20. Poetry and imagination.

codiles. De même la Nature s'est essayée d'abord dans les préadamites ; peu à peu elle est arrivée à l'homme, elle a mis de la tendresse en son âme, et elle fait lentement éclore la vertu [1]. »

Dans une de ses meilleures pièces de vers, et qui résume bien sa pensée, Emerson exprime cette aspiration profonde de la nature, une et vivante, perpétuellement agissante, et toujours éprise de progrès nouveaux. L'homme, tel qu'elle le prépare, n'est pas encore né ; elle l'attend. Elle est la source intarissable d'où découle la vie universelle. « Tout le long des siècles, dit-elle, mêlant la force et la grâce, je cueillerai de race en race des fleurs de plus en plus rares ; et rien ne manquera jamais à ma couronne. » J'ai déjà plusieurs fois pétri et transformé les éléments. « Mais lui, l'enfant glorieux du monde, où s'attarde-t-il pendant ce temps ?... Il n'est pas encore venu celui qui achèvera le tout. » C'est vers lui que la création soupire ; c'est pour lui qu'elle travaille. Mais elle ne se lasse pas, et sa puissance n'est pas diminuée. Aucun atome n'est usé. Et sur les buissons la rose, humide de la rosée du ciel, n'a rien perdu de sa fraîcheur [2].

1. *Complete works*, t. X, p. 181. The sovereignty of ethics.
2. *Poems*, The song of nature.

IV

Si l'esprit transparaît dans la nature, il éclate bien plus manifestement dans l'œuvre humaine.

Et il doit la transformer encore. Rien n'est vraiment grand et bienfaisant que ce qui nous met en communication avec lui. Et c'est de ce point de vue qu'il faut apprécier la science, l'histoire, l'art, l'éducation, la vie sociale.

« L'objet de la science devrait être l'agrandissement de l'homme par tous ses côtés, en le plongeant dans la nature jusqu'à lui faire toucher les étoiles de la main..., jusqu'à rendre le langage des bêtes, des oiseaux et du vent perceptible à ses oreilles ; jusqu'à établir des rapports de sympathie entre le ciel, la terre et lui [1]. » — « Lorsque la science sera enseignée par l'amour, toutes nos œuvres, aujourd'hui si pauvres, apparaîtront comme les suppléments et les continuations de la création matérielle [2]. » — « La magie, avec tout ce qui s'y rapporte, n'est qu'un pressentiment confus des pouvoirs futurs de la science [3]. »

Mais l'homme n'est pas isolé. Il tient à l'huma-

---

1. *Lois de la vie*, VIII.
2. *Essais*, 2ᵉ série, XII.
3. *Idem*, 1ʳᵉ série, I.

nité, comme à la nature, et la vraie histoire nous découvre les manifestations variées, les révélations successives d'un esprit unique. La diversité n'est qu'à la surface : il n'y a au fond qu'une même force, dont le jeu produit des combinaisons infinies. L'âme s'élargirait en sentant cette identité, si l'on savait reconstituer les états d'esprit qui ont produit les civilisations disparues. Nous les connaissons au moins confusément. Il y a en chacun de nous le germe des sentiments qui ont fait l'Orient, la Grèce, Rome. Toute révolution a été d'abord l'apparition d'une pensée [1]. Voilà pourquoi les grands hommes, ceux qui méritent d'être étudiés, sont ceux qui renouvellent les conceptions de l'humanité : Platon, Swedenborg, Montaigne, Shakespeare, Napoléon, Gœthe. Ils dévoilent une partie de l'esprit qui se manifeste en nous. Par eux s'entretient et se développe la lumière confiée à notre race. « Les grands hommes existent pour qu'il en puisse surgir de plus grands. La destinée de la nature organisée est la perfectibilité, et qui peut en assigner les limites [2] ? »

Au-dessus de la science, Emerson place l'art, qui est la véritable révélation du fond des choses. Il ouvre nos yeux à la beauté universelle et ina-

---

[1]. *Essais*, 1re série, I. Histoire.
[2]. *Representative men*. Noter qu'Emerson est d'accord avec Mme de Staël et avec M. Taine dans le jugement qu'il porte sur Napoléon.

perçue. Sa fin n'est rien moins que la création de la nature et de l'homme [1]. L'artiste sort de lui-même, abdique toute volonté propre, pour s'unir, dans une contemplation désintéressée, à l'âme universelle. Par lui nous saisissons encore agissante la force mystérieuse qui a créé le monde [2]. Les arts utiles, comme les autres, atteignent le beau, en mettant, avec intelligence et amour, la force infinie de la nature au service de l'homme. La grâce et la puissance de l'esprit apparaissent partout ; mais les poètes seuls savent bien les découvrir. Ils comprennent le *symbolisme* de la création [3]. Ils voient les lois éternelles sous la mobilité des apparences. Ils soulèvent le voile d'inconscience et d'égoïsme qui ferme d'ordinaire nos horizons rétrécis. Eux seuls aperçoivent le sens caché sous les signes auxquels s'arrêtent les savants. Tout leur est matière à poésie : tout leur parle de l'âme universelle. Ne craignez pas qu'ils aient tout dit, qu'ils soient sur le point de se taire. C'est à peine s'ils ont balbutié quelques mots de la langue divine qu'attend l'humanité.

L'art aura sans doute un grand rôle à jouer dans l'éducation de l'avenir. Il exprime la raison profonde des choses, et la beauté est l'aspect sous lequel l'intelligence préfère étudier le monde [4].

1. *Essays*, 1re série, XII, Art.
2. T. VII. Art.
3. *Essais*, 2e série, I. Le poète, et t. VIII. Poetry and Imagination.
4. *Lois de la vie*, VIII.

Donc, pour élever un enfant, il faut développer sa curiosité spontanée, ouvrir son âme confiante aux leçons de l'univers et aux inspirations intérieures de la conscience. Si vous prétendez l'assujettir à votre autorité personnelle, il vous résiste, et vous laisse le plaisir dégradant d'abuser de votre supériorité physique. Mais renoncez à votre volonté propre ; mettez-le en présence de cette lumière intime qu'il aperçoit comme vous ; il se soumettra sans révolte, avec amour [1]. « Le secret de l'éducation, c'est le respect de l'enfant [2]. » Sans doute, il faut aider dans son développement laborieux ce petit être qui nous arrive ignorant et débile. Il faut lui apprendre à fixer son attention et le préparer à se servir de ses facultés. Cela n'empêche pas de respecter son individualité. Observez-le comme une plante rare, plus curieuse que celles dont les naturalistes font une étude si attentive. Chaque nouveau-né apporte à notre vieux monde comme un message de Dieu. Laissez-le remplir son rôle. Soyez patient et discret. Enseignez, par votre exemple, la douceur, la bonté, la possession de soi. Donnez de votre âme, c'est une méthode infiniment plus difficile à pratiquer que celle des règles uniformes, militaires, et des punitions corporelles. Mais c'est la seule qui ne gaspille pas les dons de Dieu. Il est triste de constater com-

1. *Essays* The over-soul.
2. Tome X, Éducation.

bien rarement se comprennent la génération qui vient et celle qui s'en va.

Avec ce sentiment profond de la dignité humaine, de la valeur de chaque âme, on se doute bien qu'Emerson n'a jamais songé à demander le progrès social à des régimes de contrainte. « Moins on est gouverné, pensait-il [1], mieux cela vaut. » Et c'est sur la vie privée, sur la famille surtout, qu'il comptait pour transformer la société. Il était Américain ; et il aurait sans doute pensé que professer un mépris bruyant pour les dollars ne saurait être qu'une niaiserie ou une comédie. Il estimait que la pauvreté démoralise, que l'homme n'est pas fait pour se contenter d'une médiocre subsistance, qu'il est né pour être riche [2]. Il était loin de dédaigner l'économie politique. Mais il faisait comprendre que ce qui donne à l'argent sa véritable valeur, c'est le but auquel on l'emploie. Il montrait que, lorsqu'on est reçu par un ami, les moindres attentions qui viennent du cœur donnent plus de joie qu'un coûteux étalage de luxe inintelligent. La simplicité, la sincérité, le goût de la beauté, les affections profondes, les pensées généreuses peuvent, croyait-il, mettre quelque chose de divin dans la vie domestique. La maison de chacun est considérée par la coutume anglo-saxonne comme un château-fort, dont l'indépendance est sacrée.

1. *Essays*, 2ᵉ série, VII. Politics.
2. *Lois de la vie*, III. La richesse.

Il faut qu'elle devienne une sorte de sanctuaire. Le plus grand service qu'on puisse rendre à l'humanité contemporaine serait de donner à la famille toute la beauté qu'elle peut revêtir, de l'affranchir des conventions et des mauvaises mœurs qui la déforment [1].

V

On aura sans doute remarqué le caractère religieux qu'Emerson donne souvent à sa pensée. C'est que la seule religion de l'avenir lui semble devoir être cet idéalisme transcendant, fort analogue à celui de son ami Carlyle, et qui fait transparaître le divin dans toutes les manifestations de la vie universelle. Les cultes positifs sont morts ou mourants. Ils ne valent que comme symboles, et à la condition de pénétrer jusqu'au sens qu'ils cachent. Mais pour remplacer ces églises en ruines, « Dieu élève son temple dans le cœur de l'homme [2] ». Il y annonce la religion universelle, celle qu'ont entrevue les sages de l'Inde, les stoïciens austères, les profondes méditations de Platon et des néo-platoniciens, celle

---

1. T. VII. Domestic life.
2. *Lois de la vie*, IV. L'adoration. Voir aussi t. X. The sovereignty of ethics.

que semblent nous prêcher aussi le monisme et l'agnosticisme contemporains, la soumission aimante et humble aux lois sacrées de l'univers. Remarquez que cette adoration consolante ne convient vraiment qu'à ceux qui partagent l'optimisme fondamental du philosophe américain. Il n'a jamais douté que le monde fût l'œuvre d'une puissance sage et bienfaisante, que l'esprit dont il est l'expression ne fût amour. « La religion et l'adoration, dit-il, sont l'état de ceux qui voient l'unité, qui sentent que, contrairement aux apparences, la nature travaille à consolider la vérité et le droit. »

Le bien seul existe réellement [1]. Il n'y a rien de positif dans le mal ; c'est quelque chose de négatif. Il est d'ailleurs parfaitement impossible à notre mauvaise volonté de fausser l'univers. Ses lois s'appliquent souverainement. Leur action est inévitable, et aucune habileté ne nous permet de nous y soustraire. Il dépend seulement de nous, dans une petite mesure, de nous prêter au développement de l'être ou de l'arrêter. Notre misère vient de ce que nous prétendons séparer l'indivisible. Nos malheurs perdraient beaucoup de leur amertume, si nous les considérions comme quelque chose de transitoire, comme une partie du travail de la vie. Nos actes portent en eux-mêmes leurs conséquences,

---

1. *Essays*, 1ʳᵉ série, III, Compensation, et IV, Spiritual laws ; 2ᵉ série, II, Experience.

qu'elles se produisent immédiatement ou plus tard [1]. Où trouver plus de force et de sérénité que dans cette doctrine de confiance et d'abandon? Alors on ne s'inquiète pas de l'avenir. On sort du temps, on s'unit à l'âme éternelle. L'immortalité sera assurée à ceux qui l'accomplissent [2].

On voit que, dans cette religion, l'homme est seul en présence de sa conscience et n'a pas d'autre point d'appui que son propre cœur. Carlyle a dit de l'œuvre de son ami : « C'est le monologue d'une grande âme, seule sous les étoiles. » Mais comment Emerson ne s'est-il pas demandé si ce qu'il trouvait de meilleur en lui-même ne serait pas en harmonie avec ce christianisme qu'il reconnaît avoir été justement cher à l'élite de l'humanité [3]? Comment n'a-t-il pas aperçu que la divinité éclate dans le Christ, par le caractère unique de son enseignement et de sa vie, tout autrement que chez le reste des hommes, même les plus grands et les meilleurs? Peut-être doit-on attribuer cet état d'âme au caractère du christianisme protestant dans lequel il avait été élevé, à son insuffisance pour satisfaire les aspirations profondes d'un esprit qui croyait à l'action continue de Dieu. Voilà pourquoi peut-être il

---

1. *Lois de la vie*, VI.
2. *Idem*, VI.
3. *Essays*, 1re série, X.

préférait à tous les prêches du monde le silence de l'église avant que l'office ait commencé [1].

Il faut rappeler en terminant qu'Emerson a prétendu non pas inventer une religion ni une philosophie, mais inviter les hommes à écouter leur cœur. Or cette docilité aux appels de la conscience et de la raison est bien certainement le commencement de la sagesse et de la vertu. Tout ce qui attire notre attention et notre respect sur cette lumière intérieure, tout ce qui nous dispose à la suivre, est vivifiant. La morale éternelle consiste à se confier au meilleur de l'âme, et ce qui diminue cette foi semble diminuer l'âme elle-même. Sans elle, que dirait le spectacle du monde extérieur? Où trouverait-on le sens du symbole? On peut dire, en songeant à Emerson, que la nature révèle quelque chose de Dieu à ceux-là seulement qui en ont découvert la notion dans leur cœur ; mais alors elle en parle dans un langage magnifique.

1. *Essays*, 1re série, II. Self-reliance.

CHAPITRE X

M. HERBERT SPENCER

Rien au premier abord ne paraît plus opposé à la morale du cœur, à toute morale, pourrait-on dire, que cette doctrine de la lutte pour la vie, que le public, ce grand simplificateur, considère comme la conclusion pratique de la philosophie évolutionniste. Et pourtant la préoccupation d'asseoir l'éthique sur un fondement solide, scientifique, a été la pensée dominante de M. Herbert Spencer, celle qui fait l'unité de son œuvre immense. Il n'a étudié longuement la vaste nature et la vie du monde qu'afin d'en déduire des règles de conduite pour l'humanité. Ses *Premiers principes*, ses études de biologie, de psychologie, de sociologie[1], sont la préparation de sa morale. Il a craint, la vieillesse diminuant ses forces, de ne pouvoir exécuter la dernière

---

1. M. F. Howard Collins vient de condenser la doctrine du maître en un seul gros volume; c'est, dit-il, une réduction au dixième. *Résumé de la philosophie de M. Herbert Spencer*, précédé d'une *préface de M. Herbert Spencer*. Traduction par H. de Varigny. Alcan, 1891.

partie de sa tâche, celle qu'il juge la plus importante. En 1879, il a voulu du moins poser *Les bases de la morale évolutionniste* (*the Data of Ethics*). Sa santé faiblissait, et de 1886 à 1890 il a dû renoncer à tout travail. Mais, en juin 1891, il a publié un nouveau livre : *Justice*, et il prépare activement les quatre autres volumes qui compléteront ses *Principles of Ethics*[1]. C'est l'objet qu'il s'était proposé dès sa jeunesse. « Remontant, écrit-il[2], à 1842 (il avait alors vingt-deux ans), mon premier essai, — des *Lettres sur la sphère propre du gouvernement*, — indiquait vaguement que je concevais l'existence de certains principes généraux de bien et de mal dans la conduite politique ; depuis cette époque, mon but final, poursuivi à travers tous les buts prochains que je me suis proposés, a toujours été de découvrir une base scientifique pour les principes du bien et du mal dans la conduite en général. »

M. Spencer croit avoir fait cette découverte. Confiant dans la force universelle et souveraine de l'évolution, il annonce à l'humanité future un développement de la sympathie qu'osent à peine rêver les plus fervents apôtres de la charité.

1. Les *Principles of Ethics* comprendront six volumes, dont deux seulement sont publiés : I, *The Data of Ethics* (1879) ; II, *The Inductions of Ethics* ; III, *The Ethics of individual life* ; et sous ce titre général : *The Ethics of social life* ; IV, *Justice* (1891) ; V, *Negative Beneficence* ; VI, *Positive Beneficence*.
2. *Bases de la morale évolutionniste*, préface.

Voilà une conclusion imprévue. Reste à savoir si elle peut se rattacher au pur naturalisme.

I

La morale évolutionniste a pour base ce qu'on peut connaître d'un « code idéal de conduite donnant la formule de la manière d'être de l'homme complètement adapté dans la société complètement développée [1] ». C'est la *morale absolue*, dont dérive la *morale relative*, qui convient seule à l'état actuel. Or, ce qui caractérisera l'adaptation complète de l'humanité à la vie sociale, c'est le développement de la sympathie, qui est « la racine à la fois de la justice et de la bienfaisance [2] ». Elle sera instinctive et générale. « Des lois de la vie on doit conclure que la discipline sociale agissant constamment formera de telle manière la nature humaine que les plaisirs sympathiques finiront par être recherchés spontanément pour le plus grand avantage de tous et de chacun... Dans des natures ainsi constituées, bien que les plaisirs altruistes doivent rester en un certain sens des plaisirs égoïstes, cependant ils ne seront pas poursuivis d'une

1. *Bases de la morale évolutionniste*, § 104.
2. *Idem*, § 54.

manière égoïste, pour des motifs égoïstes. Sans doute, faire plaisir est une jouissance ; mais la pensée du plaisir sympathique à obtenir n'occupera pas la conscience : ce sera seulement la pensée du plaisir donné[1]. » Et ainsi s'opérera la conciliation définitive entre l'égoïsme et l'altruisme.

On se défend de nous proposer l'obéissance pure et simple à la loi de charité, surtout pour le moment présent. M. Spencer condamne sans le moindre ménagement l'aumône inconsidérée qui semble prendre à tâche de multiplier les êtres les moins dignes de vivre, l'assistance officielle qui, plus que toute autre, diminue le sens de la responsabilité. Entraver et fausser l'œuvre de la sélection lui paraît être un des plus mauvais services qu'on puisse rendre à notre espèce. « On admet, dit-il[2], que le bonheur individuel s'obtient, dans une certaine mesure, si l'on travaille au bonheur d'autrui. La réciproque ne serait-elle pas vraie ? N'obtiendra-t-on pas le bonheur général en travaillant à son propre bonheur ? » Une large dose d'égoïsme est donc nécessaire aujourd'hui, pour le bien de l'humanité. Mais un égoïsme qui reposerait sur de pareils motifs mériterait-il encore son nom ? Avertir que dans l'intérêt même de nos semblables et des générations futures chacun de nous doit prendre

---

1. *Bases de la morale évolutionniste*, § 95.
2. *Idem*, § 91.

soin de son développement, de sa santé physique et morale, c'est rappeler tout simplement que *charité bien ordonnée commence par soi-même*.

Il faut remarquer que la bonté future dont l'avènement nous est annoncé ne comporte ni sacrifice, ni liberté. Au terme où nous conduit l'évolution, l'humanité ne connaîtra plus la peine. Les réflexions et les efforts qui semblent aujourd'hui rendre nos actes méritoires sont les indices d'un état moral imparfait et par suite appelés à disparaître. L'idée d'obligation morale doit s'effacer. Comme l'Église à ses élus, M. Spencer promet aux générations de l'avenir une sorte d'impeccabilité. Mais ce mirage lointain et inaccessible suffira-t-il pour soutenir ceux qui souffrent aujourd'hui? La douleur tient encore une large place dans notre existence, et il ne paraît pas probable qu'elle soit jamais complètement éliminée de la vie qui est faite aux hommes sur la terre. Il faut supposer à notre race une nature et des conditions d'existence entièrement différentes de celles que nous connaissons, pour qu'elle puisse se passer de libre dévouement et d'héroïque abnégation.

Mais la vertu, répondrait M. Spencer, n'est pas plus une œuvre purement individuelle qu'elle n'est une œuvre purement intellectuelle. L'homme idéal suppose une société pleinement développée. « La coexistence d'un homme parfait et d'une société imparfaite est impossible... Puisque chaque individu descend d'une souche qui se ramifie à travers toute la société et participe de sa nature moyenne, on doit, malgré des diversités individuelles marquées, retrouver chez tous de tels caractères communs qu'il soit impossible à qui que ce soit d'atteindre une forme idéale bien loin de laquelle resteraient tous les autres [1]. » Et d'ailleurs si, dans un milieu brutal et violent, apparaissait un être délicat et bon, comment pourrait-il subsister? On l'aurait vite éliminé, lui ou ses enfants. Ainsi tout se tient, s'enchaîne, et prétendre se perfectionner tout seul est une folie.

II

C'est grâce au progrès général que se modifieront la famille et l'éducation. M. Spencer annonce que les enfants seront une charge de moins en moins lourde, par suite de la réduction de la fécondité, et n'apporteront plus guère que des plaisirs. Dès à présent nous savons le bien qu'ils peuvent faire. Ils semblent retrouver, pour nous les rendre, les joies que nous donnait le monde, alors qu'il nous apparaissait dans sa nouveauté

---

[1]. *Bases de la morale évolutionniste*, § 106.

première et que les années ne nous avaient pas encore rendus indifférents à son mystère ; c'est une banalité de dire qu'on revit ainsi ; mais ce fait montre bien « comment, les jouissances personnelles s'affaiblissant au cours de la vie, l'altruisme les renouvelle en les transfigurant [1] ». On peut donc prévoir « un état dans lequel, beaucoup plus encore qu'aujourd'hui, les plaisirs de la vie adulte consisteront à perfectionner la jeune génération, en même temps qu'on assurera son bonheur immédiat [2] ».

Nous sommes encore bien loin de l'éducation idéale. Quels progrès nous y achemineraient ? M. Spencer a consacré à ce sujet des pages [3] où les vérités foisonnent et qui sont, pour un très grand nombre de parents, la lecture la plus morale et la plus humiliante qu'on puisse imaginer.

Si Rousseau pouvait revenir en ce bas monde et faire connaissance avec cette doctrine, il confesserait sans doute que depuis *l'Émile* on a fait quelques progrès et il ajouterait que c'est en grande partie son œuvre. Il serait dérouté d'abord par la nouveauté de certaines idées et de certaines expressions ; mais il s'y accoutumerait assez vite. Il protesterait, au nom du *Vicaire savoyard*, en voyant que dans ce siècle-ci on

---

1. *Bases de la morale*, § 80.
2. *Idem*, § 92.
3. *De l'éducation intellectuelle, morale et physique*, 7ᵉ édit. Alcan, 1888.

veut décidément lui supprimer Dieu. On lui ferait observer que, le sentiment religieux subsistant grâce à l'Inconnaissable, sa religion n'est pas beaucoup changée. Et peut-être prendrait-il son parti de cette transformation. Mais l'apôtre de la bonté native aurait bien d'autres critiques à adresser. Il demanderait pourquoi on lui a déplacé l'âge d'or, pourquoi on l'a reporté des débuts au déclin de l'humanité. Malgré tout, il rencontrerait chez le penseur du xix° siècle tant d'observations qui l'enchanteraient sur l'éducation naturelle et douce, les leçons pratiques et agréables, le développement normal des facultés, les exercices physiques, qu'il oublierait probablement ses griefs de détail pour applaudir à l'ensemble.

M. Spencer rejette pourtant les principales erreurs de Rousseau. Il écarte la théorie de la bonté native. Il aurait moins de peine à croire à la corruption originelle, s'il fallait choisir entre ces deux alternatives. L'enfant est, à ses yeux, un petit barbare qui arrive dans la société civilisée avec les instincts du sauvage. Il faut travailler à son adaptation et à son développement ; les parents ne doivent pas rester passifs ; adieu l'éducation négative de *l'Émile !* L'éducation doit être positive et commencer dès le berceau.

Il faut élever les enfants ; mais on s'y prend généralement bien mal. Au lieu de les former, combien de parents les déforment et semblent prendre à tâche de leur gâter le corps, le caractère et l'esprit !

L'ignorance des lois de l'hygiène, les étranges préjugés qui règlent l'alimentation et l'habillement, les modes déraisonnables, les excès d'application mentale, tout contribue à détériorer l'animal humain. Nous ne nous occupons d'améliorer la race que s'il s'agit de chevaux et de porcs. N'est-il pas évident pourtant que « les péchés contre l'ordre physique, tant ceux de nos ancêtres que les nôtres, altérant la santé, diminuent plus que toute autre chose la vie complète, et que, dans une large mesure, ils font de l'existence une infirmité et un fardeau, au lieu d'un bienfait et d'une jouissance [1] ».

En matière d'éducation morale, on part généralement de cette hypothèse que tous les vices sont du côté des enfants, toutes les vertus du côté des parents. M. Spencer, au contraire, n'hésite pas à rendre « les parents responsables de la plus grande partie des maux qui se produisent dans la famille et qu'on impute généralement aux enfants [2] ». Rien de plus rare en effet que l'éducation qu'il faudrait. Elle exige des qualités très peu communes d'intelligence et de cœur. Elle est douce et naturelle ; elle tend à former un être apte à se conduire lui-même ; elle laisse

---

1. *De l'éducation*, chap. I.
2. *Idem*, chap. III.

agir, autant que cela est possible, le meilleur des maîtres, l'expérience ; elle ne connaît d'autres châtiments que les conséquences naturelles des actions commises, discipline souverainement juste, moins irritante que toute autre, et qui dure toute la vie.

Quant à l'esprit, nous le surchargeons généralement de connaissances inutiles et nous en négligeons beaucoup d'utiles. En outre, nos méthodes sont peu conformes au développement naturel des facultés. Sur les effets de l'instruction, M. Spencer ne partage pas les illusions courantes. Il ne croit pas qu'on apprenne la vertu en apprenant l'alphabet ou la table de Pythagore.

Sa doctrine se résume en trois propositions :

1° L'éducation doit être, en petit, une reproduction de la marche de la civilisation ;

2° Elle doit être, autant que possible, spontanée ;

3° Il est utile qu'elle soit accompagnée de plaisir.

Mais on ne doit pas oublier qu'étant une formation générale, très complexe, elle dépend du milieu et ne peut se modifier qu'avec lui. Elle n'admet pas de changement isolé ni brusque. Dans aucun domaine on n'échappe à la loi inexorable de la solidarité continue, de l'évolution.

C'est ainsi que le développement final de la

sympathie est lié à l'avènement définitif du régime industriel et de libre contrat, remplaçant le régime militaire et de contrainte, dans lequel nous sommes encore si profondément engagés. Le socialisme, avec son idéal de société enrégimentée, tourne le dos au vrai progrès. L'État qui, trop souvent, fausse par ses interventions abusives le jeu des lois bienfaisantes de la nature, qui par la guerre impose des entraves innombrables et apprend à violer les droits véritables, est déjà l'un des grands dangers du temps présent. M. Spencer l'a signalé à plusieurs reprises [1]. Il ne reconnaît pas le droit divin des parlements; il relève sévèrement les péchés des législateurs; il dénonce, sans ménager les préjugés courants, la servitude future qu'on nous prépare au nom des majorités souveraines. Il estime que plus la société se perfectionne, plus la spécialisation des fonctions s'accuse, et plus il est nécessaire de laisser aux individus isolés ou spontanément associés des fonctions dont l'autorité publique pouvait utilement se charger, alors que la civilisation était moins avancée. Si l'on croit à la bonté future de l'humanité, ne voit-on pas qu'on s'en approche dans la mesure où le régime de contrainte peut faire place à l'activité libre?

L'un des traits caractéristiques de la société

---

1. Voir notamment *L'individu contre l'État* et *Justice.*

transfigurée sera la diffusion des plaisirs artistiques. Ils ne sont aujourd'hui le partage que d'une élite. Mais alors la nature étant mieux connue, mieux dominée, le travail nécessaire sera plus léger et laissera des loisirs pour goûter les joies esthétiques. La culture musicale, dont le développement est déjà l'un des signes heureux de notre temps [1], fera goûter un bonheur inconnu et nous en donne déjà le rêve confus. La poésie aura été renouvelée et vivifiée par la science. Pourquoi supposer qu'un savant sent moins qu'un autre la beauté des choses? « N'est-ce pas une idée absurde, sacrilège, de croire que plus on étudie la nature, moins on la révère? Pensez-vous que ce qui paraît au spectateur non initié un simple flocon de neige n'éveille pas des idées plus hautes chez celui qui a examiné à travers le microscope les formes merveilleusement variées et si élégantes des flocons de neige? Pensez-vous que ce roc arrondi, strié de déchirures parallèles, évoque autant de poésie dans l'esprit de l'ignorant que dans celui du géologue, qui sait qu'un glacier a glissé sur lui il y a un million d'années? La vérité est que ceux qui n'ont jamais pénétré dans le domaine de la science sont aveugles à la plus grande partie de la poésie qui nous entoure [2]. » Mais tout ce qui développe la faculté d'admirer et fait naître les

1. *Essais.* Origine et fonction de la musique.
2. *De l'éducation,* chap. 1.

jouissances artistiques ne développe-t-il pas aussi la sympathie ? Celle-ci apparaît à la fois comme la condition et l'effet de tous les progrès qui transformeront la société.

III

Il est impossible de ne pas être séduit par l'âge d'or promis à l'humanité future, et de ne pas reconnaître combien sont salutaires beaucoup des règles de conduite proposées par M. Spencer. Mais en recherchant sur quel fondement dernier reposent cet optimisme et cette morale, on découvre ce qu'il y a de chimérique dans ces promesses et ce qui manque à cette doctrine pour nous satisfaire pleinement.

On n'a pas le droit de compter, pour produire la vertu un peu trop automatique qu'on nous annonce, sur la foi morale qui soutenait jusqu'ici nos efforts vers le bien. La philosophie de l'évolution supprime cette croyance au principe supérieur de l'obligation. Elle prétend prouver que le sentiment du devoir n'est qu'une illusion intérieure, un instinct en voie de formation. Mais alors il perdra toute autorité, dès qu'on aura compris ce qu'il est en réalité. C'est au fond l'instinct de l'espèce qui veut vivre, s'imposant aux individus. De quel droit ? Comment condamner l'égoïsme qui s'en affranchit, et le pessimisme qui préfère chercher le repos dans le néant ?

M. Spencer considère la foi morale comme la résultante du progrès social. Mais il n'a pu prouver qu'elle n'en fût pas au contraire la cause, et alors tout son système manquerait par la base. L'expérience dira si, d'une manière définitive et générale, la vertu peut se passer ainsi de tout point d'appui métaphysique. Pour que la bonté se développe en nos âmes, par un travail intérieur et volontaire, il semble nécessaire à beaucoup d'entre nous que l'intelligence ne se moque pas de la peine que nous prenons. Ils sentent combien notre cœur est pauvre et vacillant, même quand il peut s'appuyer sur la raison. Et dans le passé, si notre race a fait les magnifiques progrès qui ouvrent à l'avenir des espérances indéfinies, ce n'est pas en prenant la conscience pour un produit factice de la vie sociale, et toute religion positive pour une duperie.

Quelle raison l'auteur de *Justice* peut-il donc donner de sa confiance invincible dans l'adaptation finale de l'humanité ? Il ne permet pas d'en douter ; il s'étonne [1] qu'on puisse croire à l'évolution et ne pas avoir foi dans cette faculté de s'ajuster continuellement au milieu. Mais la doc-

1. *Justice*, § 16.

trine de l'évolution elle-même repose sur cette conviction *a priori* que tout s'enchaîne, forme un système unique et qu'il y a une loi du monde. Le mouvement par lequel toutes les choses grandissent ou dépérissent, le rythme universel d'intégration et de désintégration qui emporte la nature ne se conçoit pas comme s'expliquant tout seul. Il a une cause, qui est hors de nos prises. Conformer notre conduite à son action c'est-à-dire aux lois nécessaires du monde, est, en définitive, le fondement de la morale.

M. Spencer reconnaît qu'on peut « se considérer comme l'un des innombrables agents par lesquels travaille la Cause inconnue, et avoir confiance dans les croyances qu'elle met au cœur ». Il ne lui semble pas que tout soit faux dans le système des théologiens. Il veut seulement qu'à la révélation surnaturelle on substitue la connaissance naturelle de la fin que poursuit l'Évolution. « Cette Puissance tend à produire la vie la plus élevée. On peut donc se dire qu'on hâte l'accomplissement de cette fin quand on se conforme aux principes par lesquels s'achève la vie la plus élevée [1]. » N'est-ce pas proposer à notre activité, comme à celle du monde, le but même que le Christ donnait à son œuvre ? « Je suis venu, disait-il [2], pour que la vie soit répandue et plus abondamment répandue. » N'est-ce pas

---

1. *Justice*, appendice C. *The moral motive.*
2. *S. Jean*, X, 10.

avouer que pour trouver une base à la morale on est forcé de donner à la nature une fin, et de lui restituer, inconsciemment peut-être, cet esprit qui est la raison de son développement?

Si l'auteur des *Premiers principes* ne va pas tout à fait aussi loin, du moins il laisse toujours la voie ouverte vers le Dieu inconnu contre lequel la science ne prouvera jamais rien, parce qu'elle détermine seulement les conditions des phénomènes, sans en révéler le pourquoi. « Quand on a expliqué, dit-il [1], ce qui est explicable, on n'a fait que mettre en un jour plus clair l'inintelligibilité de ce qui est au delà... L'homme de science, content de marcher dans sa sincérité là où l'évidence le mène, devient, après chaque recherche, plus profondément convaincu que l'Univers est un problème insoluble. Dans le monde intérieur comme dans l'extérieur, il se voit au milieu de changements perpétuels, dont il ne peut découvrir ni le commencement ni la fin. Si, remontant le cours de l'évolution des choses, il se permet de soutenir l'hypothèse que la matière exista jadis à l'état diffus, il se trouve ensuite dans l'impossibilité de concevoir comment elle arriva à cet état; de même s'il spécule sur l'avenir il ne peut assigner de limites à cette longue série de phénomènes qui se déroulent devant lui sans fin. D'un autre côté, s'il regarde en lui-

---

1. *Essais. Le progrès* (fin).

même, il voit que les deux extrémités du fil de la conscience sont hors de son atteinte... Au dedans et au dehors, il découvre que les choses sont également impénétrables dans leur genèse et leur nature dernières. Il voit bien que la dispute des Matérialistes et des Spiritualistes est une pure querelle de mots ; les adversaires étant également dans l'absurde, puisque chacun se figure comprendre ce qu'il est impossible à l'homme de comprendre. Dans toutes les directions, ses recherches arrivent à le mettre face à face avec l'Inconnaissable ; le savant connaît de plus en plus clairement qu'il est inconnaissable. Il apprend à la fois la grandeur et la petitesse de l'esprit humain, sa puissance en face de ce qui tombe sous le contrôle de l'expérience, son impuissance à l'égard de ce qui dépasse l'expérience. Il sent, avec une vivacité qui n'appartient à nul autre, l'incompréhensibilité du fait le plus simple considéré en lui-même. Lui seul, en vérité, *voit* que la connaissance absolue est impossible. Lui seul *connaît* que sous toute chose gît un impénétrable mystère. »

On touche ici à la religion qui est la conscience d'un grand mystère et l'humble contemplation de quelque chose qui nous dépasse absolument. Ces sentiments, que M. Spencer prétend conserver, et, grâce au progrès scientifique, raviver sans cesse, forment certainement l'une des bases solides sur lesquelles il lui faut continuellement reprendre pied. Mais elle comporte autre chose. Elle est aussi un mouvement confiant, aimant et suppliant vers quelqu'un d'infiniment meilleur, plus juste et plus puissant que nous, et qui nous juge ; un effort de l'âme pour entrer en société avec Dieu. Quand on aura bien compris que la Force inconnaissable demeure absolument hors de nos prises, indifférente à nos douleurs, à nos luttes pour le bien, et qu'elle nous échappera toujours, il n'est pas probable que les hommes s'en occupent beaucoup. Cet état d'esprit que M. Spencer croit définitif et qui nous fait sentir l'au-delà est le crépuscule de la religion qui s'en va ou l'aurore de la religion qui revient.

De même l'altruisme, à moins d'être aveugle, inconscient, et de perdre ainsi presque tout son prix, n'a pas de place dans une morale rigoureusement naturaliste. La Nature, elle, ne connaît pas la pitié ; elle est insensible et dure. Alfred de Vigny, dans *La maison du berger*, a dit, en vers magnifiques, sa superbe indifférence. Ce n'est pas elle qui nous apprendra l'humaine bonté. La charité est le souvenir ou le pressentiment d'une morale supérieure à toutes celles qu'on tirera jamais des contemplations cosmiques.

Ainsi le système évolutionniste, pour développer ce qu'il contient de meilleur, aurait besoin de se transformer. Les penseurs les plus originaux qui s'inspirent de cette doctrine, M. Guyau en France et M. Wundt en Allemagne, tendent à lui donner un caractère psychiste, à en faire une philosophie de la volonté. Si l'on recherchait d'où vient, en dernière analyse, le grand défaut qu'on peut reprocher à M. Spencer de faire dériver le supérieur de l'inférieur, on reconnaîtrait que sa méthode a un vice capital : elle est trop constamment extérieure. C'est ainsi que dans la vie sociale il méconnaît ce qui est l'âme même du progrès. C'est ainsi qu'en métaphysique il ne tient pas compte des réalités dont porte témoignage cette activité intérieure qui est amour et raison. Observant par le dehors, il est arrivé à mieux déterminer que par le passé certaines des conditions faites au développement de la vie et à l'exercice de nos facultés. Mais il avertit lui-même que ces lois n'apprennent rien au fond et nous laissent en face de l'inconnu. On n'y trouve pas de quoi donner un sens à l'œuvre humaine, ni une règle à notre volonté. Comment pourrait-il en être autrement dans une théorie qui prétend expliquer l'homme par la nature, au lieu de chercher dans l'âme la meilleure révélation de la cause qui explique la nature et l'homme ?

CHAPITRE XI

COMTE LÉON TOLSTOÏ

L'auteur de *La guerre et la paix*, d'*Anna Karénine*, de *Katia*, de *La puissance des ténèbres*, est un génie littéraire de premier ordre. La critique a plus d'une fois analysé [1] cet art à la fois délicat et puissant, ce naturalisme imprégné d'humanité, qui donne l'impression inoubliable de la réalité, réfléchie dans une âme admirablement sensible et aimante. Ce sont comme des morceaux de la vie, saisie dans sa complexité, avec ses tristesses et ses joies, ses pauvretés et son mystère. Mais on fait généralement très bon marché des idées religieuses et sociales de l'illustre romancier. On ne paraît pas se douter que tout esprit véritablement grand est nécessairement attiré vers cette

---

1. Voyez notamment Ernest Dupuy, *Les grands maîtres de la littérature russe au* XIX° *siècle*, 1885; — Vicomte de Vogüé, *Le roman russe*, 1886; — Jules Lemaître, *Impressions de théâtre*, 1re série, 1888; — Matthew Arnold, *Essays in criticism*, 1888; — E. Hennequin, *Écrivains francisés*, 1889.

étude de l'au-delà, qu'on appelle la métaphysique, que « sans une philosophie, le savant n'est qu'un manœuvre et l'artiste qu'un amuseur [1] ». Ce vieillard est traité de fou avec une tranquille assurance par des gens qui vivent sans s'être jamais demandé pourquoi. Un jugement aussi sommaire et superficiel ne contentera pas les curieux de vie morale. Ils s'intéresseront à cette pensée sincère et généreuse. Ils se préoccuperont de rechercher quelle est la foi de Tolstoï, vers quel idéal social elle le conduit, et ce qu'indique la popularité dont il jouit.

I

Ce n'est pas l'éducation reçue par Tolstoï qui devait le disposer au mysticisme. Autour de lui, dans l'aristocratie russe, régnait souverainement l'esprit irréligieux du XVIIIe siècle. L'enfant avait dix ans, en 1838, quand des camarades plus âgés lui apprirent qu'on venait de découvrir que Dieu n'existait pas. Ses frères et lui trouvèrent la nouvelle très amusante, très vraisemblable [2]. Il lut Voltaire. Il entra jeune dans une société brillante et de morale facile. Une

---

1. Taine, *Nouveaux essais de critique et d'histoire*, p. 127.
2. *Ma confession.*

bonne tante, qui s'intéressait à son avenir, et qui était bien l'être le plus pur du monde, lui conseillait sans cesse, comme le plus grand bonheur qu'elle pût lui souhaiter, de prendre pour maîtresse une femme mariée. « Rien, disait-elle, pour former un jeune homme, ne vaut une liaison avec une femme comme il faut. » Mais la vie de salon ne suffisait pas au futur romancier. Il se battit au Caucase, fit la campagne de Crimée [1], se mêla d'écrire et prit goût à la gloire. Il voyagea d'abord dans l'Europe occidentale, puis chez les Bashkirs, dans le désert, sentant, par moments, un vide que son activité extérieure ne suffisait pas à remplir, soutenu seulement par un vague espoir de perfectionnement et s'occupant du bien des paysans. Il se maria. Quinze années passèrent, remplies par les soins d'une heureuse vie de famille et par de glorieux travaux littéraires. Mais, vers 1874 [2], finit par éclater, douloureuse et violente, la crise intérieure qui se préparait depuis longtemps.

C'est dans la plénitude de son talent et de ses forces, n'ayant pas cinquante ans, étant parfaitement heureux en apparence, que Tolstoï fut pris de cette désespérance profonde, que Stuart Mill a connue lui aussi, et qui doit saisir à certaines heures tous ceux qui, n'ayant point de foi où rattacher leur vie, ne peuvent cependant

---

[1]. *Les Cosaques. Souvenirs du siège de Sébastopol.*
[2]. *Ma confession*, p. 41.

s'empêcher de réfléchir. Il sentit avec une vivacité cruelle la pauvreté des raisons de vivre dont se contente le monde, la vanité des biens qu'il poursuit, la duperie de ses sophismes, le vide des existences qui s'écoulent sans conviction profonde, sans chaleur intérieure. Cette pensée l'obsédait: « Ma vie est quelque méchante et stupide plaisanterie qui m'est jouée par *quelqu'un*... On peut vivre seulement pendant qu'on est ivre de la vie [1]. » La mort l'attirait, au point qu'il devait employer des ruses avec lui-même pour ne pas se tuer.

Que faire donc, et à quoi bon continuer d'agir ? « Celui, dira bientôt Tolstoï, qui se posera sincèrement cette question: que faire ? et en se répondant ne se mentira pas à soi-même, mais ira là où le mènera la raison, celui-là aura déjà décidé la question. Pourvu qu'il ne se mente pas à soi-même, il trouvera comment, où et que faire [2]. » Le sens de la vie lui sera révélé parce qu'il aura commencé à faire effort vers la lumière et à mieux vivre. Il considérera les simples qui suivent humblement leur conscience, qui travaillent, qui aiment, qui tranchent avec une clarté merveilleuse un problème insoluble pour les savants et les philosophes. Il fera comme eux et ne tardera pas à retrouver la foi à la religion éternelle enseignée par le Christ. Il faut

---

1. *Ma confession*, pp. 54, 56.
2. *Ce qu'il faut faire*, p. 185.

être fidèle aux appels de la voix intérieure. « *Marchez pendant que vous avez la lumière* [1]. »

Rien de plus caractéristique que les pages où le grand écrivain raconte comment prit fin la crise qui le conduisait au suicide [2]. « Je me rappelle, dit-il [3], qu'un jour de printemps précoce j'étais seul dans la forêt, prêtant l'oreille à ses bruits mystérieux. J'écoutais, et ma pensée se reportait, comme toujours, à ce qui l'occupait sans cesse depuis ces trois dernières années : la recherche de Dieu.

— C'est bien, il n'y a aucun Dieu qui ne soit une abstraction, au lieu d'être une réalité comme l'est toute ma vie. Et rien, aucun miracle ne peut me prouver qu'il en existe un semblable, parce que les miracles ne seront que dans mon imagination.

— Mais l'idée du Dieu dont je suis en quête ? me demandais-je. D'où est donc née cette idée ?

Et de nouveau s'élevèrent en moi, avec cette pensée, des aspirations joyeuses vers la vie. Tout, en moi, s'éveilla, reçut un sens. Mais ma joie ne se soutint pas longtemps.

L'esprit continuait son travail.

— L'idée de Dieu n'est pas Dieu, me disais-je. L'idée est ce qui se passe en moi, l'idée de

---

1. C'est le titre d'un des derniers livres de Tolstoï
2. *Ma confession*, p. 69.
3. *Idem*, p. 103.

Dieu est un sentiment que je puis réveiller ou non en moi. Ce n'est pas ce que je cherche. Je cherche ce sans quoi la vie n'aurait pu être.

Et de nouveau tout commença à mourir autour de moi et en moi et je voulus de nouveau me tuer.

Mais ici je rentrai en moi-même, réfléchissant à ce qui se passait en moi, et je me rappelai ces élans et ces découragements qui s'étaient succédé tant de fois en moi. Alors, comme maintenant, dès que je concevais Dieu, tout s'animait en moi; et si je l'oubliais, si je me refusais à croire en lui, la vie de mon âme s'arrêtait.

Qu'est-ce donc que ces sentiments si opposés ?

Je ne vis donc pas lorsque je perds la foi en l'existence de Dieu; je me serais donc tué depuis longtemps si je n'avais pas un vague espoir de le trouver. Je ne vis donc véritablement que lorsque je le cherche et le sens.

— Qu'est-ce que je cherche donc encore ? — s'écriait une voix en moi. Le voilà donc : Lui, — c'est ce sans quoi on ne peut pas vivre. Or, connaître Dieu et vivre, c'est la même chose. Dieu est donc la vie.

Eh bien ! Vis, cherche Dieu, et il n'y aura pas de vie sans Dieu.

Dès lors mieux que jamais tout s'éclaira en moi et autour de moi, et cette lumière ne m'abandonna plus.

... Et cette force de la vie qui me revenait

n'était pas nouvelle. Elle était cette force ancienne qui m'avait entraîné autrefois, et c'est avec un sentiment tout juvénile que je revenais à la foi, à cette volonté qui m'avait produit et qui voulait quelque chose de moi ; je revenais à la croyance que le but principal et unique de ma vie était d'être meilleur, c'est-à-dire de vivre plus en accord avec cette volonté ; je revenais à la conscience que, l'expression de cette volonté, je pouvais la trouver dans le formulaire que l'humanité s'est créé en dehors de moi ; c'est-à-dire, je revenais à la croyance en Dieu, à l'amélioration morale et à la tradition qui transmet le sens de la vie. »

La foi de Tolstoï se rattache, dans l'histoire morale de la Russie contemporaine, à la doctrine de Soutaïef, le paysan de Tver, qui réduit tout le christianisme à l'amour, aux prédications de M. Pachkof exhortant les gens du monde et les gens du peuple à chercher le Christ par le cœur [1]. Mais au point de vue philosophique, elle se lie à l'œuvre commune de ces grands esprits qui, depuis Rousseau jusqu'à Emerson, ont revendiqué la souveraineté de la conscience, et ont montré dans l'âme humaine une lumière intime que ne sauraient suppléer ni les artifices de logique, ni l'observation de la nature.

Tolstoï a dénoncé, avec une clairvoyante fer-

[1]. Voir Anatole Leroy-Beaulieu, *L'empire des Tsars*, tome III, l. III, chap. x.

meté, l'illusion de cette méthode prétendue scientifique qui, sous prétexte de s'en tenir au savoir positif, « rejette tout ce que les hommes ont découvert par la voie de l'expérience intérieure [1] ». On ne reconnaît d'autre critérium que l'observation du sensible; on croit pouvoir remplacer ainsi l'activité de la conscience et de la raison, qu'on déclare purement subjectives et conditionnelles. Et puis l'on s'étonne naïvement de ne pas découvrir le sens de la vie à travers ce hallier d'observations que rien n'éclaire. Quand nous nous isolons de la vie et de la conscience pour philosopher, nous ressemblons à des enfants. « Nous démontons, nous détraquons la montre, nous enlevons le mouvement; nous en faisons un joujou, et nous nous étonnons ensuite que la montre ne marche plus [2]. » Si telle était la seule méthode pour arriver au vrai, toute notre science pourrait se résumer ainsi : « Le monde est quelque chose d'infini et d'incompréhensible. La vie humaine est une partie incompréhensible de cet incompréhensible tout ». La philosophie de Schopenhauer et de Bouddha serait la véritable sagesse.

Mais pourquoi s'obstiner à chercher partout, « excepté dans la conscience, la définition de la vie, c'est-à-dire l'aspiration au bien qui est gravée en

---

1. *Ce qu'il faut faire*, p. 157, pp. 104 et s.
2. *Ma confession*, p. 156.

caractères ineffaçables dans l'âme humaine [1] » ? — « Il y a dans l'homme quelque chose que nous ne voyons ni dans les animaux, ni dans les plantes, ni dans la matière inanimée, et ce je ne sais quoi est l'objet unique du savoir, cet objet sans lequel tout est inutile » [2]. Cette conscience réfléchie, cette raison qui est le principe de toutes nos connaissances ne saurait être définie. Quand elle s'éveille, c'est une vie nouvelle qui commence et qui décompose l'individualité animale, comme le germe se développe en brisant le grain dont il sort. On se dégage de sa pauvre personnalité ; on aperçoit ce qui la dépasse ; on cherche le bien, non plus pour soi seulement, mais pour tous. On connaît l'amour.

« L'amour est la seule activité raisonnable de l'homme... Ce sentiment lui procure le bien que sa raison lui indique comme étant le seul possible [3]. » Son principe, sa racine « n'est pas, comme on se l'imagine ordinairement, un élan de passion qui obscurcit la raison ; c'est au contraire l'état de l'âme le plus rationnel et le plus lumineux, partant le plus calme et le plus joyeux qui existe ; c'est l'état propre aux enfants et aux sages [4]... C'est l'activité elle-même de la vie, l'activité la plus joyeuse de la vie qui nous en-

---

1. *De la vie*, p. 301.
2. *Idem*, p. 71.
3. *Idem*, p. 156.
4. *Idem*, p. 175.

toure de tous côtés et que nous avons tous ressentie en nous... Quel est celui qui ne connaît pas ce sentiment de félicité pour l'avoir éprouvé au moins une fois, et surtout dans sa plus tendre enfance, alors que son âme n'était pas encore obstruée par toutes les doctrines mensongères qui étouffent en nous la vie, ce sentiment de bonheur et de tendresse qui fait que l'on voudrait tout aimer : et ses proches, et son père et sa mère, et ses frères, et les méchants, et les ennemis, et le chien, et le cheval, et le brin d'herbe; qui fait que l'on n'éprouve qu'un désir, c'est que tout le monde soit heureux et content, et que l'on désire faire le sacrifice de soi-même et de toute sa vie pour que tous soient toujours heureux et contents[1] » ?

Rien de plus fort contre la souffrance que cette doctrine d'apparence sentimentale. Combien nos maux personnels seraient plus faciles à supporter si l'irritation, qui aigrit et paralyse, faisait place à un sentiment de compassion pour autrui, source de joies austères et d'activité féconde[1] ! Toute souffrance sollicite l'amour. Et puis la douleur doit être considérée comme une des conditions de l'existence. Elle est bienfaisante en ce sens qu'elle nous montre, malgré nous, que la véritable vie n'est pas celle qui commence à la naissance et finit à la mort. Enfin, elle produit une

1. *De la vie*, pp. 185 et 186.
2. *Idem*, p. 125.

sorte de purification mystérieuse, quand on la supporte humblement pour l'expiation de ses péchés et de ceux du monde. Ainsi acceptée sans révolte, elle perd sa principale amertume. Et l'on peut dire en un certain sens : « Plus l'amour est grand, moins les souffrances sont vives [1]. »

Est-ce la mort, si souvent décrite par Tolstoï [2], qui pourra effrayer ceux qui vivent par l'amour? Seuls, « les hommes qui ne comprennent pas la vie n'aiment pas penser à la mort. Pour eux, penser à la mort c'est reconnaître qu'ils ne vivent pas comme l'exige leur conscience réfléchie [3] ». Mais quand on a développé sans cesse cette faculté d'aimer qui est l'essence même de l'âme, et qui est en dehors du temps et de l'espace, la destruction du corps n'a rien d'affligeant. On sait la vie visible n'est qu'une partie du mouvement que infini de la vie [4] et que les morts ne cessent pas de s'associer à l'œuvre des vivants [5]. L'homme « qui a reçu sa vie d'un passé inconnu et qui a conscience de son accroissement constant et ininterrompu la reporte non seulement avec calme, mais avec joie, dans un avenir invisible [6] ».

1. *De la vie*, p. 281.
2. Voir diverses études de cette nature dans un volume intitulé : *La mort*. Perrin, 1886.
3. *De la vie*, p. 205.
4. *Idem*, chap. xxxiii.
5. *Idem*, chap. xxxi.
6. *Idem*, p. 230.

On aura sans doute reconnu tout ce que cette doctrine emprunte à l'Évangile et aux épîtres de St Jean. Tolstoï les cite volontiers. Il n'hésite pas à proclamer que le Christ est le vrai maître de cette vie de conscience et d'amour. Sans doute cette libre religion ressemble plus peut-être au transcendantalisme d'Emerson qu'à la foi traditionnelle des chrétiens. La divinité de Jésus et les miracles sont rejetés ; pas d'Église [1] ; pas d'autre autorité que celle de la conscience individuelle ; pas d'existence personnelle assurée dans l'autre vie et *à fortiori* pas de résurrection des corps. On sent l'influence du bouddhisme de l'Orient, et aussi du monisme de l'Occident. C'est par le cœur seulement que Tolstoï est profondément chrétien. « Depuis mon enfance, écrit-il [2], depuis que je commençais à lire l'Évangile, ce qui me touchait et m'attirait le plus était la partie de la doctrine de Jésus où il enseigne l'amour, l'humilité, l'abnégation et le devoir de rendre le bien pour le mal. »

II

Avec une morale aussi haute, on comprend que Tolstoï juge sévèrement notre société,

---

[1]. Voir dans *Plaisirs vicieux* (1892), L'Église et l'État.
[2]. *Ma religion*, p. 6.

qu'elle lui semble bien éloignée de l'idéal qu'il entrevoit. Dans son désir de remédier à des maux trops réels, il s'attaque parfois à ce qui est la condition même de la vie sociale, du moins pour une humanité constituée comme la nôtre. Et ne demandant la réalisation de ces réformes qu'au renoncement volontaire, il ne doit pas compter faire beaucoup de disciples. Mais sa parole pourtant ne sera pas perdue [1]. Si l'on ne suit pas ses enseignements à la lettre, ils auront du moins ravivé les sentiments qui pourraient transformer peu à peu les hommes et la société.

Doit-on donner à ces théories le nom de socialisme? Oui, si l'on entend par là toute réaction contre l'individualisme. Non, si le mot signifie, comme il est d'usage, un appel à l'État pour réorganiser la société par un régime de contrainte. Pas plus qu'à la science ni à la richesse, Tolstoï ne demande la clef de son paradis à la politique, les sachant également impuissantes pour le bonheur. « La transformation de l'humanité, il ne l'espère que de la transformation ultérieure de l'homme ; et en cela il est assurément plus sage que la plupart des réformateurs qui raillent ses utopies [2]. »

Il déclare que si les hommes étaient vraiment sages, ils renonceraient à la propriété. Ils se re-

---

1. Voir l'intéressante étude consacrée par M. E. Rod à Tolstoï, *Les idées morales du temps présent*, 1891.
2. A. Leroy-Beaulieu, *L'empire des Tsars*, t. III, p. 642.

garderaient comme les maîtres de leurs personnes seulement et peut-être de leurs instruments de travail. L'argent surtout leur serait odieux, parce qu'il permet de vivre sans travailler. Voilà son grand crime aujourd'hui. Il reconstitue ainsi « une forme d'esclavage qui ne diffère de l'ancienne que par son impersonnalité et par l'absence de tous rapports humains entre le maître et l'esclave [1] ». Et qu'on ne prétende pas légitimer la richesse en la faisant passer pour du travail accumulé. Il faudrait oublier les siècles de rapines qui ont réparti les biens entre les hommes ; il faudrait supprimer les violences et les dols impudents dont nous sommes continuellement les témoins. « Affirmer aujourd'hui que le numéraire représente le travail de celui qui le possède, c'est tomber dans une erreur profonde ou mentir en connaissance de cause. On peut dire que cela devrait être ainsi, ou est à désirer, mais rien de plus [2]. »

Si vous objectez à Tolstoï qu'en supprimant l'accumulation des capitaux on rendrait impossibles les grands progrès de l'industrie dont notre âge est fier, il vous répondra que ce ne serait pas un grand dommage, que les prétendus bienfaits de l'imprimerie, des chemins de fer et des autres inventions modernes ne profitent guère qu'aux riches. Le progrès moral qui apprendrait

---

1. *Que faire ?* p. 235.
2. *Idem*, p. 231. Voir surtout *L'argent et le travail*. 1892.

à mépriser la richesse, qui affranchirait des tristes passions qu'elle nourrit, donnerait beaucoup plus de bonheur à l'humanité.

Il n'est pas besoin d'avoir longtemps étudié l'économie sociale pour apercevoir tout ce qu'il y a dans ces rêveries de pessimisme injuste. Si la richesse est généralement légitime dans une société où les rapports mutuels sont libres, où l'on réprime seulement les violences et le dol, pourquoi ne pas tendre simplement à se rapprocher de plus en plus de cet état social ? Les capitaux profitent non seulement à leurs détenteurs, mais encore à tout le monde. Ils augmentent la productivité du travail. Et pendant que le taux de l'intérêt s'abaisse, les salaires s'élèvent : deux faits caractéristiques montrant bien que les classes laborieuses ne sont pas sacrifiées par ce régime de propriété individuelle, de liberté, de responsabilité, qui convient seul aux civilisations progressives.

Mais il y a pourtant quelque chose à retenir des anathèmes portés par Tolstoï contre l'argent. Il est bon que, de temps à autre, des pauvres volontaires, comme un François d'Assise, donnent à l'humanité l'exemple d'un renoncement absolu. Ils nous rappellent ainsi quel doit être le véritable objet de notre activité. C'est sans doute ce qu'a voulu faire l'illustre écrivain qui consacre une partie de ses journées au travail manuel, comme ces paysans et ces ouvriers dont il admire la simplicité austère. Il assure que ce régime n'est pas défavorable au développement de l'activité intellectuelle, bien au contraire. Il lui semble bon de se soumettre à la loi commune de l'humanité. C'est à ses yeux l'une des conditions de la vie morale. Il aimerait certainement cette forte pensée d'un sage qui a beaucoup observé, qui admirait les populations stables de la Russie et de l'Orient, Frédéric Le Play : « Le but suprême du travail est la vertu et non la richesse. Je comprends de plus en plus que l'intelligence de cette vérité contient en germe toute la science sociale [1]. »

Si l'homme, loin de repousser le travail, doit le considérer « comme la substance et la joie de la vie [2] », la femme aussi doit se soumettre à la loi de la nature. Mais notre science a changé tout cela, observe ironiquement Tolstoï, et il y a bien des procédés d'avortement que sait employer une femme du monde pour supprimer les enfants qui troubleraient ses plaisirs, son luxe, ou compromettraient sa beauté. Et pourtant rien n'est plus grand au monde que la maternité. Quand la femme accepte courageusement, dans la simplicité de son âme, cette héroïque mission, elle « est placée sur le plus haut sommet du bien qu'il soit donné à l'homme d'atteindre ; elle devient l'étoile conductrice pour tous ceux qui vont vers

---

1. *Réforme sociale*, chap. 31, VI.
2. *Ce qu'il faut faire*, p. 230.

le bien. Seule elle peut dire tranquillement avant de mourir à Celui qui l'a envoyée dans ce monde, à Celui qu'elle a servi par l'enfantement et par l'éducation d'enfants qu'elle aima plus qu'elle-même, seule elle peut dire tranquillement après L'avoir servi pendant tout le temps présent : — Maintenant, laisse aller ton esclave [1]. »

La science pour la science et l'art pour l'art sont des vanités comparables à la richesse. Il y a des gens, qui sous prétexte de division du travail, prétendent être comme le cerveau de la société. Ils s'en font un monopole, un divertissement d'initiés ou d'oisifs, et ils s'isolent de l'humanité. Celui qui est vraiment penseur ou artiste n'a rien de ces heureux amuseurs. « Il doit souffrir avec les hommes pour les sauver et pour les consoler. Et il souffre encore parce qu'il vit toujours dans une inquiétude, dans une agitation éternelles : il pourrait découvrir et exprimer ce qui donnerait le bonheur aux hommes, ce qui les délivrerait de la souffrance, les consolerait, mais il n'a encore rien découvert et demain peut-être il sera trop tard, il mourra. Et c'est pourquoi la souffrance et le sacrifice seront toujours l'apanage du penseur et de l'artiste... Il y a deux caractères indubitables de la vraie science et du vrai art: le premier, intérieur,

---

1. *Ce qu'il faut faire*, p. 285. Voir, sur la morale conventionnelle du monde, à propos des rapports entre les sexes, *La sonate de Kreutzer* (1890), et *Plaisirs vicieux* (1892).

c'est que le servant de la science et de l'art remplisse sa mission avec abnégation et non point par intérêt; le second, extérieur, c'est que l'œuvre du servant soit accessible à tous les hommes dont il a le bien en vue [1]. »

« La science et l'art sont aussi nécessaires que la nourriture, la boisson, le vêtement et même plus nécessaires [2]. » Le peuple pour adoucir et consoler sa rude vie en a plus besoin que les classes oisives. Et ce n'est pas une chimère de lui promettre ces biens. Il suffit de suivre une méthode naturelle et vraie pour qu'ils soient accessibles. Chaque homme porte en soi le sens du bien et du beau. Toute la science de l'éducation consiste à lui apprendre à découvrir et à suivre cette lumière intérieure. Mais, sous prétexte de développement, nous imposons à l'enfant des contraintes et des directions factices comme quelqu'un « qui, pour aider la fleur à s'épanouir, en déroulerait violemment les pétales [3] ». Rousseau a bien montré que l'homme est naturellement bon et que la société le pervertit. « Un enfant sain, quand il vient au monde, réalise complètement l'harmonie absolue avec ce sens du vrai, du beau et du bien que nous portons en nous; il touche encore à l'être inanimé, à la plante, à l'animal, à la nature qui personnifie

---

1. *Ce qu'il faut faire*, pp. 171 et 174.
2. *Idem*, p. 145.
3. *L'école de Yasnaïa Poliana*, p. 130.

à nos yeux ce vrai, ce beau, ce bien que nous cherchons et désirons [1] ».

Donc respectez le développement spontané de l'enfant et cherchez seulement à éveiller son attention aimante. Le maître ne vaut que dans la mesure où il y réussit. « Pour que l'élève s'abandonne tout entier à l'instituteur il faut soulever un coin de ce voile qui lui dérobe tout l'enchantement de ce monde de la pensée, de la connaissance et de la poésie dans lequel doit l'introduire l'étude. C'est grâce uniquement au charme constant de cette lumière qui brille devant lui que l'élève se sent capable de se façonner lui-même comme nous le lui demandons [2]. » Depuis une vingtaine d'années, Tolstoï pratique lui-même avec succès dans son école de Yasnaïa Poliana cette méthode d'amour et de liberté. « Le seul critérium de la pédagogie, dit-il, c'est la liberté : la seule méthode d'instruction c'est l'expérience. Le degré de liberté que comporte l'école se mesure au degré de savoir et d'aptitude du maître [3]. »

On sait que l'auteur de *Ma religion* croit la même méthode applicable à l'ensemble de la vie sociale. Prenant à la lettre cette parole de l'Évangile, qu'il ne faut pas résister au méchant, il

---

1. *Pour les enfants*, p. 274.
2. *L'école de Yasnaïa Poliana.*
3. *Le progrès de l'instruction publique en Russie*, pp. 220 et 238.

ne veut ni tribunaux, ni police, ni armées. « Il n'y a qu'un moyen, dit-il[1], d'arrêter le mal : c'est de rendre le bien pour le mal... Le mal ne peut pas faire cesser le mal. »

On aperçoit facilement tout ce qui se mêle de chimérique à ces aspirations généreuses. On risquerait ainsi de sacrifier l'élite de l'humanité à la partie la moins digne qui s'accommoderait fort bien de ne rencontrer aucune résistance. On a protesté [2], au nom de la hiérarchie des mérites et des intérêts supérieurs de notre race, contre cette doctrine d'effacement et de nivellement. Tolstoï répondrait sans doute à ces critiques qu'on se fait de grossières illusions sur l'action réelle des grands hommes. Ils ne sont guère que « les étiquettes de l'Histoire : ils donnent leurs noms aux événements sans même avoir, ce qu'ont du moins les étiquettes, le moindre lien avec le fait lui-même [3] ». Et l'auteur de *La guerre et la paix*, dans des pages curieuses où il essaie de concilier la liberté humaine avec la nécessité des lois historiques, ne craint pas d'écrire : « Les peuples ne sont point mis en mouvement par le pouvoir ni par les idées des écrivains, ni même par une combinaison de causes, comme le croient les historiens, mais par l'action de *tous* les hommes qui prennent part à l'événement et qui se grou-

---

1. *Ma religion*, pp. 40 et 42.
2. Rosny, *Daniel Valgraive*, 1891.
3. *La guerre et la paix*, tome II.

pent toujours de manière à ce que ceux qui prennent directement la plus grande part aux événements aient le moins de responsabilité [1]. »

C'est guidé par son cœur, c'est en s'occupant des pauvres gens, dont la misère l'avait frappé, spécialement dans les villes, que Tolstoï a été amené à réfléchir profondément sur le sens de la vie et sur les devoirs qu'elle impose. On est en droit de penser qu'avec une connaissance plus sereine et moins pessimiste de l'économie sociale, plusieurs de ses conclusions auraient été sensiblement modifiées. Mais il aurait maintenu son idée fondamentale; c'est que, dans l'éducation comme dans tout l'ensemble de la vie sociale, l'amour seul est fécond, l'amour qui ne s'isole pas, qui ne s'affranchit pas orgueilleusement des devoirs communs, qui accepte le travail et la peine, qui répugne à la violence, qui craint de briser ou de froisser le moindre germe de vie. Malgré ses exagérations et ses sévérités, il a bien aperçu et il a voulu fortifier ce qui demeure le véritable lien de l'association humaine : la charité.

[1]. *Les grands problèmes de l'histoire. Pouvoir et liberté*, p. 138.

III

C'est un fait très caractéristique que la popularité de Tolstoï, que les nombreuses sympathies rencontrées par lui dans le public européen. Sans doute ses dissertations religieuses et sociales auraient risqué de passer inaperçues si l'on n'avait connu ses romans. Mais dans cet art même ne trouve-t-on pas déjà ce sentiment de la vie collective, solidaire, ce respect des humbles et cette pitié aimante qui sont le fond de sa philosophie? Et puis les derniers ouvrages du penseur slave rencontrent une abondance de traducteurs et d'éditeurs en France; il arrive même qu'ils reparaissent une seconde fois, à peu près les mêmes, sauf le titre [1]. Cela permet de supposer qu'ils trouvent des lecteurs.

Or, « on ne lit, on n'aime communément un livre que s'il agrée, s'il met en jeu un système de sentiments, d'idées, de souvenirs que l'on possède, s'il exprime, peu ou beaucoup, les inclinations, l'idéal, la manière de voir que l'on a. Le succès d'un livre est donc le signe certain de la présence dans le public d'un nombre plus ou moins considérable de gens qui partagent dans

---

1. Ainsi *Quelle est ma vie? Que faire? L'argent et le travail.*

une certaine mesure les opinions, les émotions, les sensations qu'il présente, qui partagent donc les tendances qu'il marque chez son auteur, qui se trouvent lui ressembler [1] ».

La popularité de Tolstoï fait inévitablement songer à la faveur plus grande encore qui accueillit Rousseau, apportant, à la fin du dernier siècle, des idées à peu près semblables, mais plus nouvelles alors. Il y a bien des différences entre les deux hommes. Leurs doctrines ne se confondent pas ; mais elles nous apprennent l'une et l'autre à sentir le prix de cette lumière intérieure qui se révèle aux simples, non moins qu'aux savants, et qui est l'âme elle-même. Elles opposent à toutes les conventions factices, à toutes les inventions de notre orgueil, à toutes les insuffisances des sciences extérieures, la souveraineté de la loi gravée par la nature dans chaque conscience raisonnable. Si, par sa large charité, par son humilité sincère comme par la dignité de sa vie, Tolstoï est beaucoup plus chrétien que Rousseau, il demeure aussi éloigné de toute religion surnaturelle, avec son positivisme absolu en métaphysique. Qui sait pourtant où conduira, si ce mouvement est durable, le réveil de la foi morale qu'il aura plus que tout autre contribué à provoquer ?

1. E. Hennequin, *Écrivains francisés*, p. 285.

CONCLUSION

C'est un fait significatif que cette rencontre d'esprits très différents les uns des autres par le tempérament, le milieu, les systèmes philosophiques, dans une tendance commune à justifier et à cultiver la vie du cœur. Ils lui donnent des noms divers: ils l'appellent sentiment, conscience, sympathie, sens intime, pitié, sociabilité, altruisme, charité. Mais c'est elle que chacun à sa manière décrit et promet. Quelle est donc sa valeur et quelles sont ses conditions de développement ? Cette double question intéresse à la fois la doctrine philosophique et la conduite de la vie.

I

Si la vie du cœur consiste à sortir de l'égoïsme, à entrer en communion avec les êtres qui nous entourent, à se donner, à aimer, elle apparaît également éloignée de la froideur systématique et de la fausse sentimentalité.

Elle n'a rien de commun avec cette prétendue sagesse qui tend à l'impassibilité, qui sacrifie à des abstractions et à des calculs les mouvements profonds de l'âme. La raison ne nous conseille pas d'appauvrir ainsi notre nature; bien au contraire. Nous avons besoin de toutes ses puissances. Quand nous ne sentons pas, quand nous ne désirons rien, nous ressemblons aux bateaux de pêcheurs qui s'arrêtent et ne peuvent avancer, quand aucun souffle de vent ne vient gonfler les voiles. Parfois, quelques notes d'une chanson de jeune fille, entendues par hasard, disposent mieux à bien agir que les plus beaux raisonnements. L'insensibilité dessèche et stérilise : rien ne ressemble moins à la vertu.

Mais elle ne consiste pas davantage dans une sorte de dilettantisme du cœur. On réduirait alors la morale à n'être plus guère, comme chez Rousseau, que l'art de jouir de ses sentiments ou de ses sensations. Or, ces plaisirs sont plus ou moins délicats suivant la nature d'âme de chacun. Puis nos émotions sont mobiles, incertaines, affectées par notre état physiologique, habiles à nous tromper sur les motifs réels qui nous poussent, prêtes à favoriser toutes nos extravagances, à diviniser nos instincts les moins nobles, ou à emporter notre orgueil en plein rêve. Que la bonté est vacillante si l'on veut courir après le sentiment,

l'attendre pour agir, se le proposer pour but !
Et ce n'est pas même le meilleur moyen de retenir ce compagnon capricieux qui transforme tout par sa présence, qui rend parfois la route soudainement facile et riante. Il vient plus volontiers quand nous ne le poursuivons pas.

Puis une certaine possession de soi-même et l'exercice d'une volonté ferme sont nécessaires pour protéger et laisser se développer les mouvements les plus délicats du cœur. La sensibilité a besoin d'être conduite. Si elle n'est pas dirigée par la raison, il est à craindre qu'elle ne se laisse mener par les appétits du corps, ou bien qu'elle ne soit dominée servilement par les impressions du moment. C'est une faiblesse désolante. Qu'on serait heureux de maintenir son âme dans un calme qui n'est pas insensibilité, mais qui permet au contraire de mieux sentir tout ce qui est digne de nous émouvoir !

Ainsi la véritable vie du cœur consiste à tendre de toutes ses puissances hors de soi, vers le bon et le vrai. Le sentiment est bien incapable de la soutenir tout seul. Il faut que la volonté réfléchie supplée à ses défaillances et à ses intermittences. Amour veut dire oubli de soi, humilité, dévouement courageux, patient et doux. C'est la santé morale de l'âme unifiée. « Aimer, a dit Leibniz, c'est mettre sa félicité dans la félicité d'un autre. » — Et Bossuet[1] : « L'amour

1. *Méditations sur l'Évangile*, XLVII° jour.

est un consentement et une union à ce qui est juste et à ce qui est le meilleur. »

Pour savoir ce que vaut cette vie du cœur, observez ce qui en est l'opposé, l'égoïsme. On pourrait montrer qu'il est le principe positif de tout le mal que nous faisons et de toutes les erreurs dont nous sommes responsables.

On voit sans peine que l'amour excessif et désordonné que nous nous portons à nous-mêmes est le grand obstacle qui retarde l'épanouissement et la pleine efficacité de la vie sociale, sans laquelle nous saurions et pourrions si peu. Arrivé à un certain degré de développement, il la désorganise complètement. Même quand il lui permet de subsister et de croître, il la laisse impuissante et trop dure pour donner la paix. C'est lui qui fait les inégalités insupportables, la poursuite des richesses si âpre, le luxe insolent, et envieuse la pauvreté. C'est lui qui empêche ainsi notre travail d'être aussi productif qu'il faudrait, de tirer tout le parti possible du milieu qui nous est fait et de ce que nous savons déjà. A la base, il mine la famille par la débauche, l'intempérance, les mille manières qu'il donne de dissiper son patrimoine en jouissances personnelles ; il multiplie les abandons de vieux parents et le nombre des orphelins dont les père et mère sont vivants[1]. Au sommet, il pervertit la vie publi-

---

1. Belle et très juste expression de M. Jules Simon.

que ; il inspire l'esprit de parti, la corruption politique, les injustices de peuple à peuple. C'est lui qui impose à l'humanité, pour combien de temps encore ? on ne sait, tantôt le poids écrasant de la paix armée, tantôt ces monstrueux retours de barbarie qu'on appelle des guerres, et qui n'ont de vraie grandeur que par le glorieux déploiement de patriotisme, d'héroïque dévouement, dont elles sont l'occasion.

Si les économistes ont pris l'habitude, avec quelque apparence de raison, de glorifier l'intérêt personnel comme le souverain stimulant de notre activité et le principe de nos progrès, c'est que, dans leur analyse superficielle, ils l'opposent à cette apathie oisive, qui est la caricature du véritable désintéressement. L'indifférence paresseuse est une des formes de l'égoïsme.

De même la grande objection qu'on adresse trop souvent à la charité porte à faux. On lui reproche d'entraver l'action bienfaisante de la sélection naturelle, on l'accuse de conserver, aux dépens des meilleurs, les moins aptes, les moins dignes de vivre. C'est qu'on la suppose médiocrement attentive et prévoyante, trop sensible à la joie immédiate qu'on éprouve à faire plaisir, à soulager une souffrance. On a le droit de condamner cette bienveillance sentimentale, qui d'ailleurs ne paraît pas encore assez répandue pour constituer un bien grand danger. Mais ne faut-il pas reconnaître que si jamais la charité pouvait être malfaisante, c'est qu'il s'y mêlerait un peu d'égoïsme ?

Ce principe se manifeste sous des aspects très variés dans notre conduite. Il se reconnaît à ce signe que toujours il la rend dommageable aux autres, soit que directement il les fasse souffrir, soit qu'il empêche de leur donner ce qu'ils avaient droit de nous demander. C'est un méchant génie, qui blesse et tue, sans daigner même s'en apercevoir, presque inconsciemment, avec une aisance qui désarme. On n'a pas de peine à retrouver son action constante dans tous nos vices. Nous nous aimons maîtres des biens matériels et des honneurs qui emportent l'admiration des sots. C'est ce qui nous rend rapaces, avares, malhonnêtes, envieux. L'orgueil et la vanité sont des manifestations monstrueuses ou niaises de l'amour de nous-mêmes dans l'opinion des autres. Nous aimons notre corps d'une tendresse démesurée et faible ; de là l'intempérance et toute la corruption des plaisirs sensuels. La paresse et la lâcheté viennent d'un amour excessif de notre repos et de nos aises. La cruauté est un égoïsme impitoyable, mélange de sensualité féroce et de voracité de fauve. Et toutes ces passions, depuis celles qui, nous rendant insensibles aux vies qui nous touchent, donnent la mort par omission, jusqu'aux haines violentes, depuis la présomption suffisante et la ridicule fatuité jusqu'à l'abattement et au désespoir, nous isolent en nous-mêmes, comme si nous étions le centre de tout, et nous font sacrifier le bien des autres à la recherche de pauvres satisfactions personnelles.

Se préoccuper uniquement du moi n'est pas même la meilleure manière de le développer pleinement et de le rendre heureux. On gâche la vie, faute d'un peu de renoncement. On n'est vraiment maître des biens que l'on détient qu'à la condition de les posséder sans trop d'égoïsme. Sinon, tout le plaisir est gâté par une sorte d'avarice troublante et une inquiétude maladive. De même pour les joies de l'art, pour les pensées et les sentiments qu'on veut saisir. Il faut du détachement et de la sérénité pour goûter le charme du monde où nous passons, pour jouir de son âme. C'est l'égoïsme, par exemple, cherchant en vain à retenir ce qui échappe, qui fait la vieillesse triste. Quand elle est affranchie des vains regrets et qu'elle trouve toujours à aimer, elle a la douceur pénétrante d'un beau jour qui finit.

Quelquefois on cherche le repos dans une mauvaise mortification qui tendrait à l'indifférence et à l'insensibilité absolues, qui nous désintéresserait entièrement de notre propre bien. Mais n'est-ce pas un déguisement de l'amour de soi ce refus de vivre pour ne pas souffrir ? On n'est pas égoïste parce qu'on garde le goût de la vie et le désir du bonheur. « L'égoïsme, disait justement le père Lacordaire [1], ne consiste pas à vouloir être heureux, mais à vouloir être heu-

---

1. Lacordaire, 81ᵉ conférence.

reux aux dépens des autres, » à usurper sans scrupule leur part de joie. « La charité ne consiste pas à être malheureux. Elle consiste à ne pas troubler le bien des autres, et à leur communiquer le sien, communication qui, loin d'appauvrir, enrichit à la fois le donataire et le donateur. » Elle impose même le devoir de se développer soi-même, de travailler à son propre perfectionnement, afin d'avoir quelque chose à donner. Il est des cas où ne pas s'occuper de soi serait une charité inintelligente. C'est ainsi qu'il faut entendre la culture du moi. Voyez la campagne, au soleil de juin : si les plantes qui la mettent en fête avaient une âme consciente et bonne, pensez-vous qu'elles voudraient nous priver de leurs couleurs et de leurs parfums ? Ne diraient-elles pas plutôt qu'elles aiment à s'épanouir, non pour s'admirer elles-mêmes, mais pour rendre gloire à Dieu et faire un peu de joie au monde ?

On doit aller plus loin : non seulement l'égoïsme est malfaisant pour les autres et nous gâche notre propre vie ; mais encore il affaiblit notre intelligence. Lorsque, dans la recherche et l'expression du vrai, nous n'allons pas jusqu'au bout de notre pouvoir, il est, au fond, la cause de ces défaillances. Je n'hésite pas à le considérer comme le principe de toute erreur dont nous sommes responsables.

On pourrait, de ce point de vue, esquisser une théorie de critique littéraire et artistique. On découvrirait sans peine dans toutes les fautes de goût une recherche excessive du moi, une préoccupation de vanité, un défaut d'humble sincérité. De là ce qui est affecté, maniéré, factice, manque de sérieux et de simplicité. Ce souci de l'effet détourne l'attention de l'objet qui devrait la captiver, empêche de le rendre avec mesure et sobriété, le pare d'ornements d'emprunt, qui peuvent avoir un succès de mode, mais qui, dans la suite, paraissent insupportables ou ridicules. La véritable originalité est bien différente. Chez ceux qui en sont capables, elle est affaire de bonne foi. Si chacun de nous a reçu une âme qui n'est absolument semblable à aucune autre, si elle a été travaillée par un concours de circonstances qui jamais ne se sont rencontrées auparavant, qui ne se rencontreront jamais plus, l'artiste n'est-il pas tenu de respecter ce don unique, et sans mépriser, mais sans suivre docilement ceux qui ne pensent pas comme lui, de dire simplement des paroles sincères ?

Mais ce ne sont pas seulement des questions de goût qu'amène à se poser l'étude des effets de l'égoïsme sur l'intelligence ; elle touche au fondement de toute doctrine philosophique et soulève un grave problème de certitude. Ce que nous apercevons de vérité dépend-il des dispositions de notre cœur ? Quel rôle la conscience morale a-t-elle à jouer dans la vision intellectuelle ?

Que l'égoïsme entrave l'exercice et fausse le jeu de nos facultés intellectuelles, on ne saurait le contester. C'est lui qui, par orgueil, présomption, intérêt ou paresse, nous fait affirmer sans raison suffisante, sans réserve humble devant l'inconnu. C'est lui qui nous porte à nous isoler des hommes et des choses. Rien de plus stérilisant. Cette concentration n'est pas le recueillement. La réflexion active n'enferme pas dans le moi ; elle le fait oublier au contraire dans la contemplation des grands objets qu'elle propose à l'observation et à l'amour. On ne trouve rien que le vide si l'on ne sort pas de soi. Notre vie intellectuelle a besoin d'aliments, comme notre vie corporelle, et ne s'entretient pas toute seule. Il faut que sans cesse elle demande ses matériaux à l'expérience ; c'est la seule méthode féconde et sûre. Or, l'égoïsme tend à nous faire perdre ce contact bienfaisant avec la réalité. Arrivé à un certain degré de développement, il empêche absolument de prêter attention aux choses ; il nous absorbe dans la contemplation obsédante d'une idée fixe, dans la domination maladive d'une sensation interne, et nous rend étranger à tout ou partie de nos perceptions présentes. C'est l'aliénation. « Si un haut degré d'intelligence, observe M. Guyau[1], peut se rencontrer avec une tendance à la folie ou au crime, jamais cette

---

1. *L'art au point de vue sociologique*, p. 351.

tendance, disent la plupart des criminalistes, ne s'accorde avec le sentiment affectif normal. »

La première condition pour apercevoir certaines vérités peut donc être de les chercher de toute son âme. Qu'on ne dise pas que c'est donner à nos conceptions une valeur toute subjective et ouvrir ainsi la porte au scepticisme. Est-ce qu'une lumière cesse d'être réelle pour ne briller qu'aux yeux qui la regardent? Ne peut-on pas dire que dans toutes nos idées il y a un peu de volonté [1], quand ce ne serait que l'attention prêtée aux données fournies par nos perceptions? Or, il y a des idées qui, à peine formées, nous jugent, qui prétendent régenter toute notre conduite, qui se mêlent de tout ce qui nous touche, qui souvent nous imposent des sacrifices et condamnent nos plaisirs : ce sont celles qui se rapportent à notre destinée et à la direction de notre vie. Elles ne peuvent nous laisser indifférents; elles nous intéressent plus que toutes les autres. Ne comprend-on pas que, pour les apercevoir dans leur pleine lumière, il soit nécessaire de leur donner son assentiment par le cœur ! Et fait-on vraiment attention aux notions morales, si l'on ne commence à les suivre, à les mettre en pratique? Par cette méthode seulement, on peut espérer qu'on trouvera le repos dans la possession des vérités nécessaires et ce degré de

---

[1]. La théorie des *idées-forces* de M. Fouillée peut acheminer vers cette conception de l'activité intellectuelle.

paix intérieure qui a été promis sur la terre aux hommes de bonne volonté.

Ces conditions et cette valeur de la certitude morale que Pascal [1] avait indiquées déjà, sans être toujours bien compris, attirent aujourd'hui l'attention de ceux qui pensent. On se préoccupe de prouver la nécessité, de formuler les règles de cette *méthode morale* [2]. On étudie les droits et les devoirs du cœur dans l'ordre des croyances [3]. On montre que l'harmonie de la tête et du cœur constitue la vie normale [4]. Ceux mêmes qui inclinent au positivisme entendent garder, en dehors et au-dessus des conceptions scientifiques, une *métaphysique morale* [5], fondée sur

---

1. Voir sur *Pascal*, dans la *Revue des Deux-Mondes*, les études de M. Ravaisson (15 mars 1887) et de M. Sully-Prudhomme (15 juillet, 15 octobre et 15 novembre 1890).

2. Ch. Charaux, *De la méthode morale*, 1866. — N'est-ce pas aussi une méthode morale que défendent MM. Secrétan et Renouvier? M. Fouillée soumet leurs systèmes à une discussion approfondie dans *L'avenir de la métaphysique fondée sur l'expérience* (1889). L'auteur fait du doute métaphysique la condition de la moralité ; mais en même temps il prétend montrer « que le cœur de l'homme raisonnable et désintéressé bat à l'unisson, malgré les apparences contraires, avec le cœur même de la nature, et que ses idées-forces sont ou peuvent devenir à la fin les idées directrices de l'univers » (p. 270). Ainsi « la vraie moralité ne consiste pas à vouloir *croire*, moins encore à vouloir *affirmer* malgré ses doutes, mais à vouloir *agir*, dans le doute même, en présence d'un bien aussi certain comme idéal que sa réalisation est incertaine ; la moralité consiste à préférer le meilleur sous l'inspiration de l'espérance et de l'amour ».

3. Abbé Avoine, *Du sentiment moral*, 1886.

4. P. Vallet, *La tête et le cœur*, 1885.

5. Liard, *Science positive et métaphysique*, 1879.

l'expérience de la conscience. Dans un livre à peu près définitif sur *La certitude morale* (1880), M. Ollé Laprune a pris pour épigraphe cette pensée profonde de Platon qu'il faut aller de toute son âme vers la vérité. On a essayé d'établir, dans une thèse récente sur *L'idéal*[1], que la moralité, émanant de notre nature profonde, essence même de notre être et de toute réalité, doit être considérée comme une révélation de la conscience sur l'absolu. Un jeune philosophe[2] vient de faire une tentative hardie « pour ériger en absolue la conception morale de la nature, y subordonner franchement la conception naturelle des choses ». Si l'étude du bouddhisme attire certains esprits, s'ils croient que nous pouvons y trouver des inspirations bienfaisantes, n'est-ce pas parce qu'il promet le repos, dans la possession des vérités nécessaires, à ceux qui s'acheminent vers elles par un effort pratique, par l'amélioration d'eux-mêmes? N'est-ce pas cette *méthode conscientielle*[3] que M. de Rosny aime surtout à retrouver dans les religions de l'Inde antique?

Tout ce travail tend à jeter un jour nouveau sur le principe même de notre vie intime. On se

---

1. Ricardou, *De l'idéal*, 1890.
2. F. Rauh, *Essai sur le fondement métaphysique de la morale*, 1891.
3. L. de Rosny, *La méthode conscientielle. Essai de philosophie exactiviste*, 1887.

plaît parfois à opposer la raison au cœur, la science à la morale, pour conclure à la subordination de l'une ou de l'autre de ces formes de notre activité. Si l'on allait au fond des choses, on reconnaîtrait que ces oppositions sont plus verbales que réelles, et l'on verrait apparaître l'unité profonde de l'intelligence et de l'amour. Le germe de toute vie intellectuelle est le même que celui de toute vie morale et de toute émotion esthétique, c'est la faculté d'entrer consciemment en communion avec le monde. Sans doute on peut prétendre ne pas croire à son âme; on peut ne pas vouloir s'en servir. C'est un scepticisme irréductible, contre lequel tous nos arguments n'ont pas de prise [1]. Mais l'acquiescement à ce qu'on aperçoit de meilleur est la première démarche de l'esprit, la loi universelle de son développement. Si la vie morale consiste à aimer, à ne pas refuser de sortir de soi pour aller vers Dieu et vers sa création, ne faut-il pas dire que la science et l'art sont des manifestations de la même activité? La raison a un caractère commun avec l'amour : c'est qu'étant impersonnelle elle nous détache en quelque sorte de nous-mêmes. Puis sa loi primitive et fondamentale, c'est de relier les phénomènes entre eux, de les faire

---

1. Un vrai positiviste, dit M. Fouillée (*Avenir de la métaphysique*, p. 226), un vrai empiriste serait réduit à dire : moi seul j'existe, ce qui constitue cette sorte d'égoïsme intellectuel appelé par les Anglais *solpisisme*.

tous entrer, y compris le moi, dans une harmonieuse unité. N'est-ce pas la loi même de l'amour ? La beauté des choses peut-elle être sentie par ceux qui ne sont pas capables de contemplation désintéressée ? Il y a un peu d'abnégation au commencement de toute connaissance, comme à la racine de toute émotion esthétique et de tout acte de vertu..

S'il en est ainsi, la meilleure manière d'arriver à la vérité c'est de développer l'âme tout entière, à la condition de ne pas sacrifier le supérieur à l'inférieur, de ne pas oublier le principe même de notre vie spirituelle pour les recherches curieuses qu'il rend possibles. L'intelligence spéculative ne suffit pas à ce grand travail. Il faut saisir toutes les occasions que nous offre la conscience de vivre de la vie morale. L'acte de vertu est celui dans lequel l'âme s'affirme le plus clairement avec ses caractères propres. La raison trouve alors un point d'appui analogue à celui que donnent les expériences dans les sciences naturelles. Ses conclusions lui paraissent acquises et ne sont plus dans une perpétuelle incertitude.

Que des hommes, sans avoir en tout les mêmes opinions, fassent le bien en commun, l'accord établi entre eux s'étendra progressivement, parce qu'ils acquerront ensemble l'expérience de certaines réalités supérieures. Il y aura des vérités qu'ils ne discuteront pas, dont l'évidence s'imposera ; et le nombre de ces vérités s'accroîtra peu à peu [1].

En devenant pratique, la raison devient plus réservée. Elle sent mieux, non seulement sa responsabilité et le sérieux de son travail, mais encore la complexité du réel. Elle aperçoit qu'il y a entre le ciel et la terre beaucoup plus de choses que nous n'en pouvons mesurer, que le plus sage est parfois de se laisser conduire par le cœur. Seule une philosophie bien étroite croit pouvoir tout expliquer et ne se doute pas du mystère qui nous enveloppe. Souvenez-vous de la belle histoire de Jeanne d'Arc. Quel aurait été le sort de la France s'il ne s'était trouvé de braves cœurs pour croire Jeanne, l'enfant de dix-sept ans, l'illuminée, malgré les raisonnements des gens positifs et de courte sagesse ?

La métaphysique vers laquelle on s'achemine par cette voie commence à s'entrevoir.

De ce point de vue, on aperçoit d'abord qu'il faut un principe actif de vie intérieure pour rendre compte de l'âme humaine, que ni le sensualisme, ni l'hypothèse associationniste n'y suffisent, que le fond de notre être n'est pas connaissance pure, mais bien plutôt amour et volonté. Cette force mystérieuse n'a-t-elle d'autre cause que les conditions dans lesquelles elle apparaît,

---

[1]. N'est-ce pas l'idée maîtresse et féconde du livre : *Le devoir présent*, où M. Paul Desjardins nous offre tout un plan de charité pratique, afin de développer par les œuvres ce que nous avons, sous des formes diverses, de foi morale ?

les matériaux inférieurs qu'elle met en œuvre ? La science ne l'a jamais prouvé, et ne saurait l'affirmer sans sortir de son domaine. Pour que les fleurs du printemps éclosent entre les rochers, suffit-il qu'un peu de terre végétale s'y soit accumulée, que les pluies aient rafraîchi le sol, qu'aux froides et courtes journées d'hiver aient succédé les tièdes soleils ? Il faut encore que les germes qui ont fleuri aient été jetés dans ce milieu favorable par la nature généreuse. N'en est-il pas de même pour notre âme, aussi différente de celle dont sont doués les autres vivants que la plante est différente de la matière inorganique ? C'est une floraison supérieure à tout ce que nous apercevons dans le monde et d'un autre ordre. Aucune élaboration, aucune culture ne pourrait la produire, si le germe ne s'en trouvait au fond de nous-mêmes, don intérieur et mystérieux, sans cesse renouvelé. L'univers ne l'explique pas, à moins que, par une sorte d'anthropomorphisme, on ne lui prête une âme semblable à la nôtre, et dont nos cœurs seraient les manifestations sublimes et fugitives.

Mais nous tendons inévitablement à nous représenter le monde à l'image de nous-mêmes. Si nous reconnaissons que notre âme est avant tout volonté, nous nous acheminons à concevoir le principe des choses, le fond du réel, comme volonté et peut-être même comme amour. Nous cherchons à l'univers une cause aimante et bonne.

N'est-ce pas elle qui nous attire chaque fois que notre vouloir-vivre ne se borne pas à nous-mêmes, mais s'étend au tout, chaque fois que notre pauvre personnalité se subordonne à ce qui la dépasse, chaque fois que nous sortons du monde des apparences fugitives par l'amour du bien suprasensible? Dans cette voie, les uns s'arrêtent, provisoirement peut-être, à une sorte de monisme plus ou moins spiritualiste, parfois un peu vague et flottant, mais non sans grandeur ni poésie; les autres vont jusqu'au Dieu personnel, vivant et tout amour, qui est le Dieu des chrétiens. Mais n'est-ce pas toujours sur le principe intime de notre activité que l'on s'appuie, sur cette forme supérieure de la vie qui se révèle en nous et dont le développement est la raison de tous nos efforts? Le temps semble venir où l'on reconnaîtra qu'il faut chercher la lumière non pas dans la seule nature extérieure, ni dans les idées abstraites, mais dans les réalités de l'âme humaine, clarté intérieure, exigeant un peu de recueillement pour être bien aperçue, mais, avec des degrés divers, présente à tous les yeux. Voilà ce que vaut la vie du cœur; elle aide à découvrir les vérités éternelles.

II

Pour peu qu'on ait compris ce que vaut la vie du cœur, on voudra rechercher à quelles conditions elle se développe, quelles ressources lui offre la société comtemporaine. Personne aujourd'hui ne prendrait au sérieux ceux qui jugeraient toute culture inutile, sous prétexte qu'il s'agirait d'un don inné. Si le positivisme n'a pu réussir à expliquer notre âme par l'extérieur, les observations d'Auguste Comte, de Stuart Mill, de MM. Taine et Spencer ont du moins montré combien le milieu et le genre d'existence influent sur la nature et l'intensité de nos sentiments. La littérature tient cette vérité pour acquise. Et c'est le fondement sur lequel s'appuient depuis bien des siècles tous les directeurs de consciences. Un jeune écrivain qui, avec un sérieux imperturbable, mêle de joyeuses fantaisies à ses observations de moraliste, M. Maurice Barrès, prétend formuler les règles rationnelles de la culture du moi, et instituer un régime pour produire tels ou tels états d'âme. On doit agir de même avec la vie du cœur. Quelle que soit son origine, c'est une flamme qu'il faut entretenir et qui ne se nourrit pas toute seule. Mais il dépend de nous de lui trouver des aliments dans la science et dans l'art, dans la bonté pratique, dans le christianisme.

Si comprendre et aimer pourrait être à la fois la devise du savant et celle de l'artiste, leurs efforts ne tendent-ils pas indirectement à développer la vie du cœur ? Sans doute il y a des savants dont les connaissances tournent en orgueil inintelligent, et qui croient avoir tout expliqué, l'univers et l'homme, pour avoir déterminé les conditions de quelques séries de phénomènes ; ceux-là diront : « le monde est aujourd'hui sans mystères [1]. » Sans doute il y a de prétendus raffinés que la vanité d'auteur semble rendre incapables de vivre sincèrement et généreusement leur vie réelle ; sous prétexte de sentir pour les autres, on dirait qu'ils ne sentent plus pour eux-mêmes, et que leur âme est appauvrie par la culture dont ils sont fiers. Mais on ne doit accuser de ces petitesses ni la science, ni l'art ; il n'en faut rendre responsable que la médiocrité d'esprit de quelques-uns de ceux qui s'occupent de ces grands objets.

La vraie science, élargissant nos vues sans fermer notre horizon, agrandit aussi notre sympathie et nos émotions. Elle nous fait sentir aujourd'hui, plus vivement qu'à aucune autre

---

[1]. Berthelot, *Origines de l'Alchimie*. 1885. — M. Edouard Rod qui, dans *Les idées morales du temps présent* (1891, p. 75) cite cette phrase, a bien raison de la trouver stupéfiante.

époque, l'immensité de l'univers et la solidarité du tout. Des poètes viendront dont elle exaltera l'inspiration mieux que tous les débris des erreurs mortes. Déjà la science de la nature nous aide à goûter la mystérieuse parenté de tous les êtres ; elle nous pénètre d'une admiration grandissante devant le spectacle de l'univers ; parfois aussi, en nous montrant notre ignorance et notre petitesse dans le vaste monde, elle nous rend plus chères les tendresses humaines.

Mais c'est la science sociale surtout qui nous conduit à la charité. Non seulement elle éclaire ses applications et la rend ainsi plus efficace ; mais encore elle semble prendre à tâche de développer le sentiment de notre mutuelle solidarité. Elle rappelle sans cesse que nous faisons partie d'un tout, que nous dépendons les uns des autres ; elle révèle à la fois, et la place infime que nous tenons en réalité dans l'œuvre collective, et les lointaines conséquences de nos actes ou de nos omissions. Elle étend notre sympathie non seulement dans le passé, où elle nous découvre les longs et douloureux efforts dont nous recueillons aujourd'hui les fruits, mais aussi dans l'avenir où elle nous fait apercevoir quelque chose des progrès possibles. Elle nous montre ce que nous recevons de nos frères et comment nous sommes responsables d'un peu de leur bonheur. Elle nous crie que l'isolement est un contre-sens, une chimère de sot orgueil, et que l'égoïsme est la mort. La vie sociale, qui nous fait ce que nous sommes et qui a bien d'autres promesses pour l'humanité future, ne peut se développer, harmonique et puissante, que si l'amour se développe. Et les économistes intelligents [1] reconnaissent que l'augmentation du bien-être matériel sert à fort peu de chose, procure un très médiocre accroissement de bonheur, quand elle n'aboutit pas à favoriser l'épanouissement des sentiments affectifs.

A une certaine hauteur la science se rapproche de l'art. Celui-ci, moins préoccupé de déterminer les conditions des phénomènes que d'exprimer la beauté des choses, semble avoir pour objet de faire aimer. N'aura-t-il pas pour effet de rendre la vie du cœur plus riche et plus délicate ?

C'est lui qui avive le sentiment de la nature. Il ouvre nos yeux à la grâce ou à la majesté du spectacle qui nous entoure. Nous goûtons alors le charme d'un paysage. Qu'est-ce autre chose qu'un reflet du monde extérieur dans une âme qui aime ? Pour en faire de délicieux, il suffit parfois de peu de chose, d'un coin de ciel où meurt le jour, et qu'on aperçoit, à l'automne, derrière les arbres, par l'ouverture d'une fenêtre qu'on va fermer. Mais il y faut une âme aimante. Si elle est dominée par l'égoïsme étroit, absorbée par quelque mesquine idée fixe, les

---

1. Ad. Coste, *Des conditions du bonheur.*

apparitions les plus magnifiques ne lui diront presque rien. L'art, mieux que toute autre chose, dispose à cette contemplation désintéressée. Il apprend à goûter les joies inappréciables qu'elle nous réserve. Il éclot, si humbles que puissent être ses premières floraisons, dès qu'on commence à aimer, et c'est seulement lorsqu'il s'est développé que se manifeste vraiment à nos regards la beauté de l'univers.

Par lui aussi se trouve élargie et affinée la sympathie pour nos semblables. C'est la haute moralité que peut avoir un roman par exemple. Pas n'est besoin qu'il se propose de donner directement une leçon de vertu ; mais s'il a fait battre notre cœur, si, nous sortant du cercle où nous sommes enfermés, il a su agrandir notre vie, au moins en rêve, si surtout il a fait monter à nos yeux des larmes d'admiration ou de pitié, il nous a donné un grand bien, parce qu'il nous a rendus plus attentifs, plus sensibles, non seulement au spectacle du monde extérieur, mais à la beauté des âmes humaines et à leurs souffrances. La vivacité de l'imagination n'est pas inutile à qui veut être charitable, et tout ce qui exerce la faculté de sentir, de compatir, pourrait lui être un précieux auxiliaire. Ceux qui comprennent le sérieux de l'art aiment à penser que la beauté des œuvres littéraires, l'harmonie des vers, les poèmes des sons, des formes et des couleurs, ne sont pas seulement l'une des meilleures joies de l'existence humaine, mais encore développent cette délicatesse d'âme, qui met autour d'elle tant de douceur et qui est comme la fleur de l'intelligence et de la bonté.

S'il est toujours bienfaisant de réserver à l'art une place dans sa vie, n'est-ce pas nécessaire, surtout à notre époque de positivisme pratique et de spécialisation parfois outrée? Il nous ouvre le monde des jouissances idéales et désintéressées ; il nous dégage un peu du matérialisme grossier et des préoccupations égoïstes. Par là ne semble-t-il pas nous initier à une vie supérieure trop souvent désapprise? Puis, unissant à la fois la connaissance et l'amour, il rétablit, au moins pour quelques instants, l'unité harmonieuse de notre être. Il nous saisit tout entiers. De là sa puissance et sa vertu éducatrice.

Mais ni savoir ni sentir ne suffisent à développer la vie proprement humaine, celle du cœur : il y faut encore et surtout l'exercice de la volonté obéissant par un effort pratique à l'amour.

Pour connaître cette existence supérieure, il n'est pas indispensable d'être initié à tous les résultats de la science, à tous les chefs-d'œuvre de l'art. Ce qui importe, c'est de rompre avec l'égoïsme et de vivre pour autre chose que pour soi. Un acte obscur de dévouement fait plus qu'une dissertation sur la charité; il découvre mieux que de simples paroles ce qu'on aime ainsi profondément et sincèrement. Cette œuvre là s'offre à tous, même aux plus humbles. Et il y a souvent dans les existences qui s'écoulent monotones, ignorées, des trésors d'amour et de générosité, formés par une longue habitude de sacrifice et de bonté. On n'y prend pas garde d'ordinaire. Mais il suffit pour les apercevoir d'un peu de sympathie attentive.

La charité pratique trouve un aliment inépuisable dans la souffrance humaine; et il n'est pas probable que cet aliment lui manque jamais. Nos progrès nous dégagent peu à peu de quelques servitudes douloureuses; mais, à mesure que l'âme devient plus sensible, plus délicate et plus aimante, ne semble-t-il pas qu'elle donne plus de prise à tout ce qui peut la blesser? Ceux qui, avec une hardiesse étrange, ont, à certaines heures, glorifié la souffrance, depuis Lamartine et Musset jusqu'à Schopenhauer et à Tolstoï, ne nous indiquent-ils pas qu'il ne faut pas songer à s'en affranchir entièrement, du moins pour soi-même, mais qu'elle devient féconde dès qu'elle se tourne en bonté? Pourquoi donc la maudire et nous révolter quand elle nous atteint?

Son mal suprême, c'est d'inspirer ou de traduire la haine. Si elle n'empêchait pas d'aimer et de croire à l'amour, si elle devenait au contraire une occasion ou un témoignage de tendre dévouement, elle aurait perdu sa plus grande tristesse. Et puis nous sommes tellement enfermés dans notre égoïsme, inattentifs et indifférents à tout ce qui ne nous touche pas directement, que, si nous ne connaissions personnellement la douleur, nous n'aurions sans doute aucun souci ni aucune compassion de celle des autres.

Il y a bien des genres d'indigence, et l'insuffisance du pain matériel n'est pas la seule misère dont se préoccupe une charité intelligente. Que de vies sont pauvres d'une autre pauvreté ! Même si la subsistance nécessaire était assurée à tous les hommes, le cœur aurait encore beaucoup à faire. Sa générosité ne deviendra jamais inutile ; plus il donne, plus on lui demande et plus il est riche. Il s'apercevra par exemple que l'art est rarement à la portée de ceux qui en auraient le plus besoin. Voit-on souvent qu'on lui réserve une place dans les existences médiocres ? Ses joies ne sont-elles pas absolument inconnues d'une grande partie des classes populaires et surtout des classes rurales, qui perdent leurs fêtes anciennes et leurs gracieuses coutumes, sans qu'aucune poésie nouvelle les vienne remplacer. Il faudra travailler à diminuer le nombre de ceux qui sont déshérités des jouissances artistiques. « L'homme du peuple, a dit un profond penseur [1], sur qui pèse d'un poids si lourd la fatalité matérielle, ne trouverait-il pas le meilleur allègement à sa dure condition, si

---

1. Ravaisson, Art. *Dictionnaire pédagogique*.

ses yeux étaient ouverts à ce que Léonard de Vinci appelle *la belleza del mondo*, s'il était appelé ainsi à jouir, lui aussi, du spectacle de ces grâces que l'on voit répandues sur tout ce vaste monde, et qui, devenues sensibles au cœur, comme s'exprime Pascal, adoucissent plus que toute autre chose ses tristesses, et plus que toute autre chose lui donnent le pressentiment et l'avant goût de meilleures destinées ? »

Si la vie sociale, à mesure qu'elle se complique, donne sans cesse au cœur de nouvelles occasions de se dépenser, c'est dans la famille surtout qu'il trouve ce qui le développe. Semble-t-il jamais plus riche qu'au jour où les fiancés se rencontrent et rêvent d'unir dans un immortel amour leurs passagères existences ? Ce sentiment-là s'épanouit chez les simples, et il n'a rien à craindre de la réflexion; plus une âme est consciente, plus il s'enrichit et s'affine. Aime-t-on moins pour se douter que l'amour est une fleur de culture un peu artificielle, un bonheur fragile et toujours menacé, pour sentir que la bien-aimée est un être très capable de faire souffrir, mais aussi de souffrir, faible et délicat, qui facilement serait froissé, meurtri, qui aurait besoin d'être enveloppé d'une affection constamment douce et attentive ?

Mais de toutes les faiblesses, la plus grande est l'enfance et c'est elle surtout qui est appelée à exercer la bonté. L'éducation est l'œuvre de charité par excellence. Aucune n'exige autant d'intelligence et de dévouement. La première condition pour bien élever un enfant c'est de l'aimer. Alors seulement on saura découvrir et développer les qualités dont il a au moins les germes, mais qui ne croissent pas sans travail, sa nature n'étant ni entièrement viciée, comme le voulaient les jansénistes, ni parfaite, comme Rousseau le prétendait. Et puis on ne peut espérer apprendre la bonté que par la bonté. Elle préserve à la fois de la violence et de la faiblesse, qui sont les deux procédés les plus sûrs pour gâter ces vies naissantes, et qui ne s'excluent pas l'un l'autre. Elle seule, en touchant l'âme, triomphe vraiment du mal ; le reste s'attaque seulement à quelques-unes de ses conséquences. N'aperçoit-on pas combien une pareille œuvre doit développer la vie du cœur, et comment les enfants sont ainsi de grands bienfaiteurs ? Ils sont une occasion constante d'aimer et de se dévouer ; ils préservent du désenchantement et de l'insensibilité que souvent on dit être les suites de l'expérience ; ils donnent à la vie, malgré tous les sacrifices qu'ils imposent, une richesse inépuisable et comme un perpétuel renouveau.

Si les âmes à demi closes ne s'ouvrent qu'à la lumière et à la chaleur de l'amour, quel rôle l'art n'a-t-il pas à jouer dans l'éducation ? Il ne s'agit pas d'initier prématurément les enfants aux émotions violentes et troublantes que les hommes faits peuvent bien se réserver. Il n'est pas question, par exemple, de les mener au théâtre voir des spectacles qu'ils ne comprendront pas, ou bien qui frapperont fort inutilement leur imagination impressionnable. Mais on peut leur apprendre à saisir dans une certaine mesure la beauté des choses, cultiver les sentiments esthétiques qui germent en eux obscurément, les préparer à goûter plus tard les chefs-d'œuvre des maîtres et la souveraine majesté du monde où nous sommes. Pour cette formation bienfaisante[1], il faudrait se servir du dessin et de la musique, enseignés avec intelligence, des premiers voyages, des promenades, des notions d'histoire naturelle et de cosmographie. Beaucoup de ces semences seraient perdues sans doute; mais qui sait combien lèveraient pour la joie des générations futures?

Ce qui donne une valeur unique à l'éducation, c'est qu'elle développe la vie du cœur non seulement pour le présent mais encore pour l'avenir. Elle permet de servir, par une association mystérieuse mais certaine, une humanité lointaine que nous soupçonnons à peine. Le bien qu'elle fait a des suites indéfinies. On comprend les immenses espérances que feraient naître ses progrès réels. Aujourd'hui voyez combien elle est

---

1. Voir Ravaisson, *Dictionnaire pédagogique*, Art;—et Pérez, *L'art chez l'enfant.*

souvent défectueuse, malfaisante ; et pourtant ces existences souvent déformées dans le principe sont parfois capables de grandes choses. Songez à ce qu'on pourrait attendre de générations élevées avec un peu plus d'intelligence et d'amour. L'éducation apparaît ainsi comme la plus large et la plus efficace des charités, comme la forme la plus élevée de la bonté.

Il y a dans le monde moral un agent mystérieux vers lequel seront naturellement attirés ceux qui cherchent le développement de la vie du cœur, non seulement dans la science et dans l'art, mais dans la bonté pratique : c'est le christianisme. L'humanité lui doit d'avoir pu, depuis dix-huit siècles, se dégager un peu de l'égoïsme ; et aujourd'hui encore, pour beaucoup des âmes les plus généreuses, il demeure le véritable foyer, toujours vivant, d'où rayonne et vers lequel conduit toute charité.

A ceux qui demandaient quel est le premier commandement de cette religion, Jésus répondait : l'amour de Dieu et du prochain. Si l'on acceptait ce précepte, il ajoutait : « Vous n'êtes pas loin du royaume de Dieu[1]. » L'apôtre le plus tendrement attaché au Maître, saint Jean, expliquant cette loi, disait : « Ne pas aimer c'est la mort... Celui qui n'aime pas ne connaît pas Dieu, parce que Dieu est charité. Et il a fait éclater sa

---

1. St Marc, XII, 28-34.

bonté en nous envoyant le Christ, et son amour nous a prévenus. » Mais « dire qu'on aime Dieu quand on hait son frère, c'est mentir. Si vous n'aimez pas votre frère que vous voyez, comment pouvez-vous aimer Dieu que vous ne voyez pas 1 ? »

Ce qu'opère une pareille doctrine, M. Taine l'a dit [2] avec une éloquente sincérité ; et c'est un des plus magnifiques hommages qui aient jamais été rendus à l'œuvre du Christ par ceux qui ne croient pas à sa divinité. Ce nouveau moteur de la vie morale est apparu au milieu d'une société dont le vice profond était l'égoïsme, à laquelle « il manquait la charité, la faculté d'aimer autrui à l'égal de soi-même ». Et « aujourd'hui, après dix-huit siècles, sur les deux continents, depuis l'Oural jusqu'aux montagnes Rocheuses, dans les moujicks russes et les settlers américains, il opère comme autrefois dans les artisans de la Galilée, et de la même façon, de façon à substituer à l'amour de soi l'amour des autres ; ni sa substance ni son emploi n'ont changé ; sous son enveloppe grecque, catholique ou protestante, il est encore, pour 400 millions de créatures humaines, l'organe spirituel, la grande paire d'ailes indispensables pour soulever

---

1. 1re épître de St Jean, III, 14, et IV, 8-10 et 20.
2. *Revue des Deux-Mondes*, 1er juin 1891, pp. 492 et 493. — Voir aussi le livre de M. Anatole Leroy-Beaulieu, *La Papauté, le socialisme et la démocratie*, 1892, pages 32, 94 et 240.

l'homme au-dessus de lui-même, au-dessus de sa vie rampante et de ses horizons bornés, pour le conduire, à travers la patience, la résignation et l'espérance, jusqu'à la sérénité, pour l'emporter, par delà la tempérance, la pureté et la bonté, jusqu'au dévouement et au sacrifice. Toujours et partout depuis dix-huit cents ans, sitôt que ces ailes défaillent ou qu'on les casse, les mœurs publiques et privées se dégradent. En Italie pendant la Renaissance, en Angleterre sous la restauration, en France sous la Convention et le Directoire, on a vu l'homme se faire païen comme au 1er siècle ; du même coup il se retrouvait tel qu'au temps d'Auguste et de Tibère, c'est-à-dire voluptueux et dur : il abusait des autres et de lui-même ; l'égoïsme brutal ou calculateur avait repris l'ascendant, la cruauté et la sensualité s'étalaient, la société devenait un coupe-gorge et un mauvais lieu ».

En France, ne suffit-il pas de regarder pour découvrir que dans l'Église fondée par le Christ le dévouement et l'héroïsme jaillissent d'un flot continu ? Mais on ne semble pas apercevoir ces merveilles. Les âmes qui se donnent le font simplement et ne cherchent que le regard de Dieu. Le commun des hommes, absorbé par ses intérêts ou ses plaisirs, ne s'en occupe pas, ou ne veut voir dans ces singularités que manie étrange et petits motifs. Qui donc songe à s'étonner des nouvelles formes de charité sublime qui surgissent sans cesse au contact toujours vivifiant de l'Évangile, ou du recrutement constant des missionnaires et des sœurs de charité? Pourtant, quand une jeune fille se sacrifie pour servir les pauvres, quand une existence est offerte pour guérir et sauver ceux qui souffrent, ce sont des révélations de la vie du cœur autrement éclatantes que de belles paroles sur la pitié. Il faut prêter quelque attention au principe qui les inspire. Le monde n'a jamais connu de foyer de charité qui soit comparable à celui-là.

Pour savoir d'où vient la vertu du christianisme [1], il faudrait l'examiner par le dedans. Tolstoï prétend qu'il n'y a aucun rapport entre les dogmes de l'Église et la morale de Jésus. Sans doute on peut les séparer : ceux qui disent croire aux dogmes ne pratiquent pas toujours la morale, et les dogmes peuvent demeurer incertains pour ceux qui acceptent la morale. Mais pourtant le lien qui les unit n'est-il pas facile à découvrir? Est-il indifférent à la charité de savoir que la bonté est la raison dernière des choses, de pouvoir non seulement aimer quelques êtres perdus dans l'immensité du temps et de l'espace, mais encore se rattacher au tout, en

---

1. Le comte Guy de Bremond d'Ars vient de montrer, dans un livre de conviction intelligente et d'émotion sincère : *La vertu morale et sociale du christianisme* (1890), que le développement de la vie sociale, condition indispensable du progrès humain, et seul moyen d'arriver à connaître la vérité, réclame des vertus qui sont le fond même du christianisme.

aimant Dieu, le créateur de l'univers ? Est-il indifférent au cœur de se savoir aimé, si pauvre qu'il se sente, et d'avoir confiance ? On peut douter de cette charité suprême quand on ne croit pas au Christ ; mais pour ceux qui l'adorent, elle éclate, sublime et incompréhensible, dans sa vie entière, depuis la crèche de Bethléem jusqu'à la croix du Calvaire, et elle seule peut expliquer ce qu'il nous a révélé des desseins de Dieu. Bossuet rapporte cette profonde pensée de la princesse de Clèves : « Depuis, disait-elle, qu'il a plu à Dieu de me mettre dans le cœur (remarquez ces belles paroles) que son amour est la cause de tout ce que nous croyons, cette réponse me persuade plus que tous les livres. » Puis il rappelle la défense que saint Jean opposait aux hérésies naissantes : « Nous croyons, nous confessons l'amour que Dieu a pour nous ; *Et nos credidimus caritati quam habet Deus in nobis;* » et il ajoute : « C'est là toute la foi des chrétiens ; c'est la cause et l'abrégé de tout le symbole. Croyons donc en l'amour d'un Dieu, — la foi nous paraîtra douce en la prenant par un endroit si tendre. »

On pourrait montrer que ce caractère intime et profond du christianisme tend à s'accuser de plus en plus. C'est que la foi n'empêche pas les croyants d'être de leur temps et de sentir avec lui. Ils savent d'ailleurs que leur religion, bien qu'immuable et identique dans son principe, est susceptible de développement, comme tout ce qui vit; ils ont une confiance sans bornes en Celui qui la fait croître et qui connaît les besoins des âmes. Voilà pourquoi, n'étant pas étrangers aux tendances qui portent les esprits de notre époque à chercher une religion du cœur, ils sont disposés à rendre un culte particulier au Sacré Cœur de Jésus. Ceux qui croient au Dieu fait homme peuvent seuls comprendre cette dévotion, et c'est peut-être à eux seuls qu'il conviendrait d'en parler. « Il ne faut pas, dit un grand évêque [1], approcher à la légère de mystères aussi saints. » Mais le sens que l'Église leur donne est parfaitement clair. Elle le précise ainsi dans sa liturgie : *Cor Jesu, caritatis victimam, venite adoremus*. Si le Christ est venu au milieu de nous par bonté, le cœur qui a été comme le principe de sa vie, qui a battu de toutes ses émotions, ne mérite-t-il pas d'être tendrement adoré ? Peut-on trouver un plus saisissant symbole de l'amour divin et humain de Jésus? Ainsi c'est le spectacle de sa charité incompréhensible qui attire l'attention des chrétiens : on ne saurait en concevoir aucun qui soit plus capable de développer en eux la vie du cœur.

On voit de quelles précieuses ressources dis-

---

[1]. Mgr Perraud, *Le second centenaire et le jubilé de la B. Marguerite-Marie*, 1890, p. 72. — Voir aussi : abbé Riche, *Les merveilles du cœur*, 1877, et cardinal Manning, *Les gloires du Sacré-Cœur*, traduit par l'abbé Maillet, 1888.

posent, sans en profiter toujours, ceux qui peuvent appuyer leur bonté sur le christianisme intégral. On n'aime pas indéfiniment tout seul, et l'âme a moins de peine à demeurer vivante et tendre si elle se sent enveloppée par l'amour d'un Maître invisible, mais sans cesse présent, et qui ne lui manquera jamais. Puis, bien que les sceptiques puissent prendre plaisir à faire de jolis actes de charité, il est utile, pour être véritablement bienfaisant, de vouloir aux hommes non seulement un peu de joie, mais encore un peu de grandeur ; il est bon de croire à leurs immortelles destinées. Notre naturelle sympathie est si vacillante et incertaine, si souvent refoulée par des sentiments contraires, qu'elle a grand besoin, pour devenir active et efficace, d'être soutenue par une métaphysique et une religion. Or, le christianisme est évidemment la seule foi bien vivante qui puisse aujourd'hui réunir les esprits cultivés, et les défendre contre l'envahissement du scepticisme intellectuel, du matérialisme pratique.

Pendant les offices de la semaine sainte, dans la journée du jeudi, l'Église fait chanter un cantique commençant par cette phrase qui revient plusieurs fois en guise de refrain : *Ubi caritas et amor, Deus ibi est*. Si, dès que l'amour et la charité s'épanouissent, le Dieu des chrétiens est présent, il est moins éloigné qu'on ne suppose de beaucoup de ceux qui n'adhèrent pas au catholicisme d'une foi consciente et pleine. Tous les esprits un peu délicats de notre temps, tous ceux qui nous attirent, ne diraient-ils pas volontiers, avec le poète des *Paroles sincères* [1], qu'ils sont

Chrétiens de cœur, sinon de foi?

Au fond des aspirations contemporaines vers une morale de la charité, il y a beaucoup de ce christianisme latent, de ce christianisme sans la foi [2], qui est l'un des états d'âme les plus intéressants de la crise d'idées et de sentiments que nous traversons.

Mais si l'on considère la vraie religion comme la plénitude de la charité, si l'on voit dans tout acte de bonté un commencement de christianisme, on pensera qu'il doit demeurer fermé, inaccessible, à tous ceux qui se refusent entièrement à vivre de la vie du cœur. La foi n'a pas de prise sur eux. Elle n'est en quelque sorte que le développement, sous des influences surnaturelles, de cette activité supérieure qu'ils ne veulent pas expérimenter. La condition qu'il faudrait remplir pour arriver aux certitudes suprasensibles manque alors. L'attention prêtée à la conscience, la pratique de la bonté, n'est-ce pas aujourd'hui, avec l'étude du Christ et des

---

1. Coppée, *Les paroles sincères. Ballade des clochers de France.*
2. Voir notamment le curieux ouvrage de M. Clay : *L'alternative.*

révélations de Dieu dans l'histoire humaine, avec le spectacle du mystère que laissent ouvert les sciences naturelles, le meilleur moyen de faire des chrétiens? Ainsi pour les croyants apparaît encore, sous un jour nouveau, le grand rôle du cœur dans la recherche de la vérité.

Après avoir reconnu la valeur de cette vie du cœur, principe de tout bien et révélatrice des réalités supérieures, après avoir recherché sous quelles influences elle peut se développer, il reste à se demander quel avenir lui paraît réservé. Qu'elle nous attire et réponde à nos aspirations profondes, cette étude d'âmes modernes a eu pour objet de le montrer. Puis on s'est aperçu qu'elle est la loi même du progrès social ; et comme, dans la lutte pour la vie, les organismes les mieux constitués sont appelés à triompher, elle sera sans doute la loi des sociétés qui domineront le monde. Nous pouvons donc aimer d'un amour confiant l'humanité future.

Mais ces désirs et ces espérances n'obligent pas à se faire illusion sur l'état présent. Lorsqu'on nous entretient agréablement de l'amour et de la pitié, c'est souvent pure affaire de paroles, question de mode, besoin de trouver des thèmes nouveaux. Ces idées d'ailleurs sont constamment combattues par une fausse conception de la science et par le progrès du matérialisme pratique. N'aperçoit-on pas tout ce que risque de faire perdre à la charité la haine malfaisante avec laquelle une sorte de fanatisme irréligieux s'attaque aujourd'hui au christianisme ? Nous plongeons encore dans l'égoïsme étroitement utilitaire. Que l'on observe les vieilles nations ou les pays neufs, c'est la morale de l'intérêt et de la jouissance qui de plus en plus, dit-on, s'affirme dans les mœurs. Et ces causes agissent même en France, dans ce pays auquel ses traditions, sa générosité, son culte de justice et de vérité font une place unique dans le monde, dans ce pays dont le génie a pu être défini « le génie qui se fait charité [1] ».

On sait bien aussi qu'il faut autre chose que de simples paroles pour servir efficacement la vie du cœur. Mais on voudrait croire parfois que les études qu'on lui consacre peuvent aider à la rendre plus consciente et par suite à la développer, ramener vers elle l'attention de quelques-uns et fortifier la confiance de ceux qui s'y attachent. En observant comment elle se manifeste chez une élite d'âmes modernes, n'a-t-on pas chance d'enrichir un peu son trésor intérieur ? Dans cette poussée confuse et touffue de doctrines qui célèbrent le sentiment, la foi morale, la volonté, les émotions désintéressées, la charité, il y a, parmi beaucoup d'herbes folles, des fleurs délicates et pleines de promesses. Voilà ce qu'il

---

1. Vicomte de Vogüé, *Discours de réception à l'Académie française.*

faut essayer de recueillir ; voilà ce qu'on aimerait à rapporter de cette excursion un peu capricieuse d'apparence, comme le cours naturel des choses, à travers l'une des régions les plus attirantes de l'histoire morale de notre temps.

INDEX ALPHABÉTIQUE

DES AUTEURS CITÉS

A

Alembert (d'), 129, 131.
Aristote, IV, 9, 14, 76.
Arnold (Matthew), 219.
Avoine (abbé), 253.

B

Balzac, 43.
Barrès (Maurice), 260.
Beaudouin (H), 22.
Bellaigue (C.), 43.
Bentham, 168, 171, 177.
Bergson, 18.
Berkeley, 187.
Bersot, 24.
Berthelot, 261.
Bertrand (A.), 113.
Biran (Maine de), 2, 76, 101-120, 126.
Borgeaud, 32.
Bossuet, 81, 141, 142, 244, 275.
Boutmy, 189.
Boutroux, 18.
Bremond d'Ars (Cte Guy de), 274.
Buffon, 81.
Butler, 55.
Byron, 131, 133.

C

Cabanis, 62.
Cabot (J.-E.) 183, 185, 189.
Carlyle, 180, 182, 196, 198.

Caro, 43, 44.
Challemel-Lacour, 125.
Chateaubriand, 44, 77.
Charaux (Ch.), 253.
Chaussée (N. de la), 31, 32.
Claretie (Léo), 48.
Clay, 278.
Coleridge, 182.
Collins (F. Howard), 200.
Comte (Auguste), I, 2, 144-166, 260.
Condillac, 71.
Condorcet, 62, 152.
Condorcet (Mise de), 62.
Coppée, 278.
Coste (Ad.), 263.
Cousin, 14, 52, 54, 103, 179.
Craigie (Th.), 51.
Cumberland (Richard), 55.

D

Descartes, IV, V, 103.
Desjardins (Paul), 4, 257.
Dupont de Nemours, 49.
Dupuy (Ernest), 219.

E

Emerson, 2, 179-199, 225, 230.
Epicure, V.
Epinay (Mme d'), 46.

F

Falloux (Cte de), 100.

INDEX ALPHABÉTIQUE

Fénelon, 25, 26, 67, 81, 97, 113.
Flaubert, 131.
Fouillée, 11, 252, 253, 255.
France (Anatole), 5.

G

Gall, 161.
Gassendi, V.
Goethe, 63, 64, 66, 67, 122, 131, 132, 192.
Goncourt (E. et J. de), 30, 31, 40.
Gratry (père), 76, 144, 61.
Gruber (P.), 165.
Guizot, 151.
Guyau, 151, 217, 251.

H

Hartmann (de), 142.
Hawthorne, 180.
Helvétius, 29, 67, 129.
Hennequin (E.), 219, 241.
Hobbes, V, 55, 60.
Holbach (d'), 67, 129.
Hume (David), 54, 149.
Hutcheson, I, V, 51-55, 139.

I

Imitation, 4, 97, 118, 162.

J

Jacobi, I, 1, 63-76, 95, 168.
Janet (Paul), 150.
Jean (St), 3, 20, 214, 230, 271, 272, 275.
Jevons (Stanley), 171.
Jouffroy, 55.

K

Kant, IV, VI, 11, 32, 61, 63, 64, 67, 123, 124, 134, 149, 183.
Krüdner (Mme de), 44.

L

Lacordaire (père), 248.
Lamartine, 131, 136, 266.
Lambert (Mme de), 25, 26.
Lamennais, 144.
La Mettrie, 29.

Lange, 11.
Lanson, 32.
Larroumet, 31.
Leconte de Lisle, 131.
Leibniz, III, IV, 99, 244.
Lemaître (Jules), 5, 21, 219.
Le Play, 234.
Leroux (Pierre), 151.
Leroy Beaulieu (A.), 63, 225, 231, 272.
Lévy Bruhl, 64.
Liard, 253.
Littré, 146, 148, 155, 163.
Locke, V, 71.

M

Maillet (abbé), 276.
Maistre (de), 109.
Malebranche, 103, 137.
Manning (cardinal), 276.
Marc (S.), 271.
Marivaux, 21, 31.
Marmontel, 177.
Mazoyer (abbé), 165.
Ménandre, 155.
Michelet, 158.
Mill (J. Stuart), I, 2, 157, 160, 165, 167-178, 221, 260.
Montaigne, 114, 179, 192.
Montesquieu, 89.
Mugnier, 23.
Musset (A. de), 29, 133, 136, 266.

N

Naville, voir Maine de Biran
Necker de Saussure (Mme), 93, 97.
Nicole 28.

O

Ollé Laprune, 165 254.

P

Parker, 183.
Pascal, VI, VII, 4, 17, 25, 67, 71, 84, 113, 118, 253, 268.
Paul (St), 157.
Pérez, 270.

INDEX ALPHABÉTIQUE

Perraud (Mgr), 276.
Pestalozzi, 113.
Picavet, 14, 119.
Platon, IV, 181, 192, 196, 254.
Plotin, IV.
Portalis, 71, 72.

R

Rancé (abbé de), 133.
Rauh (F.), 254.
Ravaisson (F.), I-VII, 14, 17, 76, 166, 253, 267, 27
Reid (Thomas), 51.
Reinach, 127.
Renan, 11.
Renouvier, 253.
Reynaud (Jean), 151.
Ricardou, 254.
Richardson, 57.
Riche (abbé), 276.
Robinet (docteur), 156.
Rochefoucauld (duc de la), 62.
Rod (Edouard), 5, 234, 261.
Roland (M™°), 40.
Rosny, 238.
Rosny (L. de), 254.
Rothschild (Henri de), 48.
Rousseau (J.-J.), I, V, 1, 4, 12, 21-50, 62, 63, 64, 66, 73, 78, 84, 89, 101, 102, 114, 129, 130, 131, 168, 206, 207, 225, 236, 241, 243, 269.
Royer-Collard, 102.

S

Sainte-Beuve, 27.
Saint-Marc Girardin, 24.
Saint-Martin, 43, 150.
Saint Pierre (Bernardin de), 22, 26, 49.
St-Simon, 145, 150, 151, 155.
Sand (George), 98, 99, 100, 153.

Scholling, 179.
Schopenhauer, I, 2, 33, 121-143, 226, 266.
Séailles, 18.
Secrétan, 253.
Shaftesbury, 55.
Shakespeare, 131, 133, 192.
Simon (Jules), 245.
Smith (Adam), I, 1, 51-62, 130, 173.
Spencer (Herbert), I, 2, 208-218, 260.
Spinoza, 67.
Staël (Mme de), 1, 65, 77-100, 192.
Stewart (Dugald), 51.
Stobée, 154.
Streckeisen-Moultou, 33.
Sully Prudhomme, 253.
Swedenborg, 150, 167, 192.
Swetchine (Mme), 99, 100.

T

Taine, 74, 88, 165, 187, 189, 192, 220, 260, 272.
Thierry (Augustin), 150.
Thomas d'Aquin (St), 14, 18, 76.
Tolstoï, 1, 2, 4, 137, 219-241, 266, 274.
Toussenel, 158.

V

Vallet (P.), 253.
Varigny (H. de), 200.
Vauvenargues, 25, 27.
Vigny (A. de), 145, 217.
Vinci (Léonard de), 268.
Vogüé (Vte M. de), 4, 219, 280.

W

Werner, 44.
Wordsworth, 178.
Wundt, 217.

TABLE DES MATIÈRES

Préface de M. Ravaisson..................................... i

INTRODUCTION

I. Le mouvement des âmes modernes vers la morale du cœur. — II. Causes et portée de ce mouvement............ 1

CHAPITRE PREMIER

Jean-Jacques Rousseau (1712-1778)

I. Comment se forma l'idéal de Rousseau. — II. Sa conception de la nature humaine et de la vertu. — III. Les lacunes de son œuvre et ses bienfaits............................. 21

CHAPITRE II

Adam Smith (1723-1790) et les Écossais

I. L'école écossaise. — Hutcheson. — II. Adam Smith et la sympathie.. 51

CHAPITRE III

Frédéric-Henri Jacobi (1743-1819)

I. La philosophie sentimentale de Jacobi. — II. Erreurs et vérités.. 63

CHAPITRE IV

Madame de Staël (1766-1817)

I. L'art et la littérature. — II. La liberté politique. — III. L'expérience de la vie. — IV. Mme de Staël, George Sand et Mme Swetchine.................................... 77

CHAPITRE V

Maine de Biran (1766-1824)

I. Le recueillement intérieur et l'activité du moi. — II. Hors du moi. — III. Méthode de culture intellectuelle et morale. 101

CHAPITRE VI
ARTHUR SCHOPENHAUER (1788-1860)

I. La métaphysique de Schopenhauer. — II. Son tempérament et sa vie. — III. Sa morale. — IV. Critique.......... 121

CHAPITRE VII
AUGUSTE COMTE (1798-1857)

I. Le positivisme est coordination et limitation du savoir humain. — II. Le culte de l'humanité. —Vivre pour autrui. — III. Insuffisance de l'altruisme et du positivisme.. 144

CHAPITRE VIII
JOHN STUART MILL (1806-1873)

I. Transformation de l'utilitarisme anglais avec Stuart Mill. — Charité. — Culture du sentiment. — II. Nature morale de Stuart Mill supérieure à son système................ 167

CHAPITRE IX
RALPH WALDO EMERSON (1803-1882)

I. L'homme. — II. Le *transcendentalisme*. — III. La nature. — IV. L'œuvre humaine. — V. La religion de l'avenir... 179

CHAPITRE X
M. HERBERT SPENCER

I. La bonté future de l'humanité. — II. La vie sociale transformée. — III. Insuffisance de la métaphysique évolutionniste. 200

CHAPITRE XI
COMTE LÉON TOLSTOÏ

I. Les révélations de la conscience. — II. Les vices de la société. — III. La popularité de Tolstoï............... 219

CONCLUSION

I. Ce que vaut la vie du cœur. — L'égoïsme malfaisant. — Le cœur et la vérité. — II. Ce qui développe la vie du cœur. — Science et art. — Bonté pratique. — Christianisme. 242

INDEX ALPHABÉTIQUE DES AUTEURS CITÉS................. 283

Poitiers, Imprimerie BLAIS, ROY et C¹ᵉ, 7, rue Victor-Hugo.

www.ingramcontent.com/pod-product-compliance
Lightning Source LLC
Chambersburg PA
CBHW071132160426
43196CB00011B/1877